ピエール・ルジャンドル

西洋が西洋について見ないでいること

法・言語・イメージ

【日本講演集】

[訳] 森元庸介

[解題] 西谷修

以文社

山口薫　花の像　1937

西洋が西洋について見ないでいること　目次

口　絵＝花の像（山口薫作　何必館・京都現代美術館 所蔵）

装画＝宇佐美圭司　　装幀＝難波園子

西洋が西洋について見ないでいること

本書に収録された講演は、二〇〇三年秋に東京（東京外国語大学、東京日仏会館）と大阪（国立民族学博物館）で相次いで行なわれたものである。

このような稀な出会いとともに活発な意見交換と深い議論の機会を得ることができたのは、ひとえに西谷修氏のご招待の賜である。

また、何必館・京都現代美術館の梶川由紀女史は、濃やかなお心づかいによって、山口薫の作品を発見するという機会を与えてくださった。心からの感謝を捧げたい。

西洋は本当に地理的な概念にすぎないのだろうか——導入としての考察

あまり旅をしない人間にはひとつの特権があって、わたしもまたそれにあずかっている。地理の与える確かさの前で、子どもが覚える口にしがたい驚きを意識に瑞々しく保っているのだ。馴染み深い川の向こうに、わたしと同じ世界にありながら異質な土地が広がっているのを肯うということであって、わたしはそれを水の化学的な組成を学ぶようにして学んだ。自分が見ているものを信じ、世界を外部に置き、それを理解しうるものとして受けとめるために、人間はまず言説に信を与えるのでなければならない。物のうちに据えられたことばを信じなければならない。だが、「西洋」と名づけられた物のうちには何が据えられたのだろうか。

西洋とは本当に地理的な概念にすぎないのだろうか。もしもそうなのだとすれば、考察の対象について了解を得るのは簡単なはずである。そうした対象は、明確に定義されたパラメータによって即座に決定され、一定の方法にしたがって公平無私ともいえるさまざまな検査にかけることが可能であるはずだ。だが、実情はそうではない。

この書物に収録されたテクストの主眼は、わたしが過去の著作で探究してきた主題を改めて問い直すことである。わたしにとって、この主題のアクチュアリティは自明であるように思われる。それは、西洋が西洋をみずから表象することの困難という主題である。とはいえ、まさにここ、つまりヨーロッパ、さらに特化していえばフランスにおいて、こうした企図が疑わしいものとされていることをわたしが知らないわけではない。実際、そうした試みは西洋のドクサからは身を引き離すものだからだ。このドクサは、スタイルこそ異なるけれども、現今の変化に関する一定の見方をぞんざいなやりかたで説き立てるばかりで、みずからが公準としているものに注意を払うことがないのだ。

われわれは奇妙な時代に暮らしている。多くの知識人は「白紙に戻せ」という益体もないドクトリンや「全能の科学」という子どもじみた希望、あるいはまたリベラルかつアナーキズム的な幻想に支えられながら、われわれが「ポスト・ヒューマン」なる段階への途上にあるのだと思いなしている。「ポスト」というイデオロギーが、いってみれば「先行する何か」、つまり課せられた伝統への紐帯という感情に取って代わったわけだ。では、西洋はそれ自身が「ポスト西洋」となったのか。「西洋とは何か」という問いは、フォークロアとなった過去の霧のなかに掻き消えてしまうということなのだろうか。いかなる重みも意味もない過去の霧のなかに？

　こうした潮流が示しているのは一個の思考の解体であり、その解体はまた惑星規模におけるみずからの支配を当然であるとみなす態度と結びついている。また、それが表象の論理をめぐって告げているのは未曾有の社会的悪夢であり、人間という種の生と再生産がぐらついているということである。つまり、アイデンティティ関係が危険に曝されているのだ。換言すれば、西洋性と優先的に結びつけられた現今の近代性は、いずれみずからの影の部分に突き当たらざるをえないということでもある。この近代性は必ずや、その進展のありようについて己が見誤っているものの帰結、すなわち〈理性〉に対する己の関係にのしかかる脅威と取り組まざるをえなくなるのだから。

　以下の講演が論じるのは、大略このような問題系であり、また、その理論的な含意と、もろもろの決疑論[†1]の領域における帰結である。その見取り図を説明するにさきだって、西洋という思想対象——そのイメージと概念——に立ち戻り、今日の国際関係の文脈を踏まえながら、これらの講演の流れを定めている立場を明確にすることが必要であろう。

単純な疑問から始めることにしよう。西洋を研究するとはどういうことなのか。わたしが提示している見取りからすれば、それが意味しているのは何よりもまず、問いかけというシステムを考察することである。無限定であるかに見えるこのシステムは、実際には西ヨーロッパにおいて優勢を占めたものである。西洋を個別化するのはこの伝統だ。そのうえで、西洋は、科学による諸文明の細断とやみくもな歴史主義をみずからの特技とした。この点に関して、西洋は、みずからの進展——ギリシア、ユダヤ、ラテンといった源泉を踏まえるのであれば、その歴史はすでに二千年を越える——の多様な側面を露わにし、また、みずからの探索の領域をほとんど無限に多様化し（哲学、神学、政治、経済というように）、さらに科学的な知によって自身の地理的な拡張をフィルターにかけた。そして今日、ヨーロッパとアメリカの封建支配と惑星規模におけるその伸張を介して、西洋は知と問いかけの世界的な源泉にして保証者として君臨しているわけである。

かくして西洋は、自分は普遍的な思考を定礎しているのだと主張する。だが、その西洋は、自己自身の組立ての実効的な作動を支えている構造的な動力源、その論理を理解しているといえるだろうか。答えは否であって、西洋はそれを知らない。では、なぜ知らないのか。右のように蓄積された知は、アイデンティティの論理、表象の生といった問題に対しては盲目であるか無効化されているかのどちらかであり、そのうえで多様な用途に供されているからである。それは場合によっては戦略的な支配の武器となるし、当の文化における閉じ込めの道具となることもある。己が現にそうあるところのものから逃げ出すことほど人間的な仕草もない。西洋もまたありふれた条件にしたがっているのである。つまり、超近代性の支配下にあって、われわれは科学的なものを素材として無知を作り出している。こうした唖然とすべき現実を認め、それを解釈して内側から理解しようとするならば、グローバリゼーションないし世界化と呼ばれることになっている事態――それは不用意にも世界の西洋化の最終段階と混同されている――へのアプローチのための大きな実りがもたらされるだろう。

われわれの歴史は、一個の「観測器具」を作り出してきた。それは、あらゆる眼差しを

---

†1（五頁）　ここでは、法学と精神分析を中心として、理論的な考察を背景にしながら現実の諸課題と取り組む営為のことを指している。

集約し、人間と人間社会の運命について西洋人が見ている、そして知っていると信じているものを見るように仕向けた。「見ていること、知っていること」の内実は変化する。けれども、一歩退きさえすれば、新手の言説の欺瞞も明らかである。そうした言説は包括的なヴィジョンなるものを説き、非西洋性を西洋の下部集合へ切り詰めようとしている。だが、実際のところ、今日の決まり文句と化したこのような考え方が行なっているのは、バロック期の芸術にまつわる表現を借りるなら「眼を作り直す」こと、何度目であるかもわからなくなった眼差しの改変なのである。言い換えれば、それは同じひとつの「観測器具」を調整することでしかない。けれども、まさに調整可能であるということが、この一望監視装置――それは、さまざまに更新されてきた西洋の「世界観」の製造者である――の特徴なのだ。では、そうしたことが可能となったのはどうしてなのか。

今日における西洋の世界観なるものを記述するだけでは不十分である。それを必要たらしめているもの、つまり、文化が安定したものとして構成されるにあたっての人類学的な舞台裏を照らすのは、一個の文化による、人間に対する「人間と世界の呈示」なのだから。それによって、文化は再生産可能な言説の建築となる。組織化というものをめぐって西洋が有している戦略的な力量を、その安定的な定礎に関係づけてみるならば、そこには不思議など何もない。そして、この安定的な定礎ということを考えてみるならば、制度性という現象に立ち返ることが求められる。

この点を納得するために、ひとつには、文明の「衝突」という主題を、その論理的かつ歴史的な文脈のうちに位置づけてみるのがよい。この主題は、一九九〇年代に一世を風靡し、ワールド・トレード・センターという紋章《エンブレム》としての価値をもったタワーに対するイスラーム勢力の攻撃をきっかけに再び打ち出されている。そこで作用している表象に結びついているのは、単に国際的な力関係ばかりではなく、系譜的に組織された社会の再生産を支えているもろもろの「神秘地理学」の共存関係である。この共存は、本質として戦争的なもの（「表象の戦争」という意味において）である。この問題系の根底には殺人のファンタスムがある。他者を殺すのは誰か。妥協は可能か。〈理性〉の制度的な組立ての核心にある殺人というこの争点を把握することの困難がもっとも露わになる領域とは、文明のレヴェルにおけるアイデンティティの問題系をおいてほかにない。

西洋は、あまりに強大な力である自己自身の囚われとなっているのか。その覇権は、今日にあって、大神ユピテルもかくやというばかりのさまざまな手段をそなえている。だが、その背後では統御しがたい没落という強迫観念が進行してきた。徴候的なのは、両大戦間から冷戦終結にかけて、「世界史〔普遍史〕の形態学を描き出す」（シュペングラー）という問いかけの精神が、文明間の力関係の計測へと移行したことである。より正確にいえば、「文明間の戦争の力学」（ハンチントン）に対する経験主義的なアプローチが支配的となったわけである。その行き着くところは、一見して逆説めいた次のような確認である。すなわち、「根底において、世界はより近代的になり、より非西洋的になりつつある」というわけだ。[*1] 五〇年代以降、アメリカは徐々にドクサの源泉としての地位を占めるようになり、いかなる領域についてでもあれ、先端的な研究の正統化を担う特権的な場所となった。だから、「文明の衝突と世界秩序の再編」というタイトルのもとで作成された調書が惑星規模で成功を収めたのも無理からぬところである。つまり、それは西洋自身が抱いている西洋のイメージであり、リベラルなスコラ学という枠組みにおいて、西洋／非西洋を問わず、知識人たちの註釈に差し出された西洋のイメージなのだ。西洋のドグマ的な歴史性に鑑みるならば、この新たなスコラ学は、自身はそれとまったく知らぬまま、「世界の総体を鋳直す」という、かつてのローマ＝キリスト教の要求に由来し、それにこだまを返している。この問題についてしばし考えてみよう。

経済や統計にまつわるデータを蓄積し、それにもとづいて企業の財務報告と同じように収支を見積ること。さらに、その収支自体を、「文明」というつかみがたい概念のもとで統合された別レヴェルの価値と突き合わせること。こうしたハンチントンの方法を支えているのは、新たな殺戮への大いなる恐怖、第三次世界大戦という強迫観念である。では、その分析は期待通りのものだろうか。現今の近代性の矛盾についての証言としては、答えは明確にイエスである。とりわけ、西洋における社会とモラルの解体、「文化の自殺」[*2]についての指摘はそうだ。ときおり大陸にちらつくこうした事象に直面しながら、[*3]二〇世紀におけるみずからの「文明の衝突」からついぞ立ち直れずにきたヨーロッパは、むしろ否認のうちに逃げ場を求め、政治的な非力をもっけの幸いとばかり、わずか数十年で若年層を荒廃させた「解放された個人」というイデオロギーに歩調を合わせている。

*1 Samuel P. Huntington, *Le Choc des civilisations*, trad. fr., Paris, Odile Jacob, 1997, p. 82. 一九九六年に刊行されたこの書物は、それなりのレヴェルにおいてではあるが、重要なデータと批判的な指摘を多く含んでいる。

*2 ハンチントンは「経済や統計という以上に重い意味をもつ問題」、とりわけ「反社会的な行動（犯罪、ドラッグ、暴力）の拡大」、「家族の衰退」（離婚、若年層の妊娠、片親家族）といったことを指摘している (*ibid.*, p. 336)。

とはいえしかし、ハンチントンのいかにも大学人めいた議論——それは現代のドグマ論の典型であって、異を唱えるのはくだくだしい不満家ばかりというわけである——は、ある特定の基盤なしにはありえないのであって、まさにこの水準において限界を有している。その基盤とは思考の技術化である。それを隠蔽しているのは「領域横断性」というスローガンであり、そこから現今の学問研究を虜にしている情報知の綜合なるものが生み出されている。そのような合成物は、われわれのカテゴリーや推論の素材に何の価値があるのか、という避けがたい問いが現れるやいなや根底から砕け散ってしまう。ひとは、アイデンティティの戦争をめぐって、爆薬の詰まった核心の周囲をほっつき歩いているのである。その核心とは、われわれは何について語っているのか、という問いだ。

西洋人は他者について語っていると思いながら、実は自己自身を語っている。ハンチントンの著作の表題は雄弁である。それも構造的な意味において雄弁なのだ。[*1] その副題は「世界秩序の再編」というものであるのだから。まるで「世界の総体を鋳直す（reformatio totius orbis）」と語った中世人のようではないか。実際のところ、われわれは古典時代の真っ只中にいるのであって、ただそうと知らずにいるだけのこと、構造的な連続性を意識していないだけのことなのだ。今日にあって、西洋は、ハンチントンが西洋を見るのと同じように自身の姿を見ている。そしていまや、西洋と他の文化、つまり反抗的であると判断された他の文化との関係はより危ういものとなっている。だとすれば、必要なのは、西洋自身が見ずにいる西洋を把握するということである。自身に対して異質でありながら、それでもやはり自己自身であるような西洋というものを把握しなければならない。そここそ、技術化された思考と情報性に定礎された言説の制度的な源泉がある。そうした努力は人間の組織化についての西洋主義的な客観化を問い直すことだろう。この組織化のありようは社会や文化、文明と呼ばれているけれども、これらの概念もまた擦り切れようとしている。とりわけ、西洋の世俗化された政治神学が人心に対するみずからの権力について確信をもてなくなっている国際関係の文脈においてはそうだ。

＊3（一一頁）　たとえば、ミシェル・ウエルベックの『素粒子』（一九九八年〔邦訳：野崎歓訳、筑摩書房、二〇〇一年〕）は、現代（怖るべき二〇世紀の終わり）における意識のありようを探った物語である。意識は不安に駆られ、特徴を失い、実存の最後の苦痛としての快楽主義を甘受している。たとえば第二部の断章一九には次のような導入的な語りがある。「西洋が自殺している真っ只中で、彼らに何のチャンスもないのは明らかだった」。

＊1　フランス語訳には副題にあたるこの部分が抜けている。説明もしないまま、「衝突」の部分にだけ焦点を当てているのだ。

共産主義というシステム——それもまたヨーロッパ近代に由来することを忘れてはならない——の崩壊に煽られ、文明の衝突という主題は、平穏な対概念（つまり「世界再編」）ともども、その起源も連続性も理解されなくなった推論の伝統に取り込まれてしまった。それもやむをえまい。これまでの西洋の研究は、第三世界の発展という政治的なテーゼ——それには科学的な根拠があるなどといわれたものだ——を支配していたのと同じナイーヴな確信のうちにあったのだから。そうしたテーゼの支配下にあって、国際機関の専門家たちは、あたかもクルアーンなど存在しないかのように、宗教的なものなど、別のよりわかりやすいパラメータの海に沈んでしまったかのようにして、イスラーム諸国を考察していた。[*1] トーテムとしての価値をもった〈準拠〉という無時間的な枠組みなど存在しない、というように思いなしていたのである。ここで「トーテム」という異郷的なメタファーが意味しているのは、人間的な構築のあらゆる水準において正統性を定礎するもの、つまり主体と文明の相互帰属のうちにあってアイデンティティの関係を制定するものである。ところで、アイデンティティ〔同一性〕を論じるということは、論理的にいって他性への関係を論じることにほかならない。まさに再生産という課題がそこにある。われわれの種にとって、それは系譜的に組織された世界の動力源を含んでいる。こうした土壌に立つならば、正統性についてのわれわれの推論の根、さらにそれと関連して、技術化された思考と個人主義の幻想をともに支えている抑圧された伝統を明るみに出すことができるだろう。

この肝心なポイントを例を挙げて証してみよう。超近代の西洋は己こそがもっとも進んだ文化であると考えている。それを許しているのは何か。なるほど、西洋は、「私的」といわれる圏域と、その重要な争点（再生産の過程への主体の参入）とを、伝統という概念そのものへの拘束（それは人類学的にいえばトーテム的な他性への拘束ということである）から「切り離す」ことに成功した。そのために後者に「反進歩的」というコノテーションを付与したのである。また、西洋は、個人による自己自身への〈準拠〉、自己自身の正統化というメカニズムの動員に成功した（それが主体にもたらす破壊的な効果を考えれば、このシステムは社会的な観点からして怖ろしいものである）。それだからといって、なぜ西洋がもっとも進んだ文化であるということになるのか。答えはこうだ。西洋は、常に増大し、無限に変容してきた伝統の金利によって、みずからの運命をまっとうしているから

＊1　一九六〇年代に国際機関の専門家としてアフリカで働いた経験から証言しよう。近代化が論理的に、宗教の消滅ないしフォークロア化を引き起こすと考えた点では、ヨーロッパとアメリカの実証主義もソヴィエトのマルクス＝レーニン主義も一致していたのである。

である。しかし、この伝統の論理的な動力源は今日にあって見誤られている。

この動力源について考察するためには、実証主義と結合した歴史主義を乗り越えなければならない。また、〈理性〉という問題系に踏み込むにあたって人類が制度的に作りあげてきた形式の多様性に鑑みながら、たとえば一神教の組立て――キリスト教といえども例外ではない――をトーテムの等価物として考えることを受け容れなければならない。そうすると、来るべき問いかけの遠景に神話的な次元と儀礼性への情熱が描き出されてくる。つまり、西洋が非合理性という地獄に投げ込んでお払い箱にしたとみなされているもののすべてだ。

西洋の表象をめぐって今日、理解が及んでいない本質的なことがらは、ヨーロッパの伝統がみずからの規範的なカテゴリーを定礎するさいの土台となった歴史的かつ神話的な基盤である。キリスト教は、宗教的な言説としては大きな破れ目を抱えていた。それは当初、社会的な規則を欠いた宗教であったのだから。このキリスト教が、ローマの法制という稠密なまとまりと遭遇したことは偶発的であり、しかしまた不可避のことがらであった。そして、この遭遇は、力性を孕んだ統一の坩堝としての役割を果たすことになった。ローマの法制はいわば制度性にまつわる専門的な概念の工廠ないし培養地であった。それであればこそ、この法制を古代ローマの政治から切り離し、あらゆる〈準拠〉の名のもとで神的な摂理として利用することが可能となったのである。だとすれば、西洋流の無時間的な次元、つまり近代性がくくりつけられることになったヨーロッパ的な伝統をもつ神話とは、内実のない神話なのだといえるだろう。こうした物言いは、詩的なものとして理解されるべきである。マックス・エルンストに「百頭女」というシュルレアリスムの名高いモティーフ――このモティーフの背後に控えているのは理念化された女の無尽蔵の形態である――があるけれども[*1]、それにこだまを返すようなものとして理解しなければならないのだ。つまり、内実のない神話とは無数の内実をもつ神話でもある。それはみずからを、ひとつの権力の座の演出のうちに溶かし込んでしまうからである。この真理の座にエネルギーを供給するのが定礎的な〈準拠〉としてのステイタスをもつ言説である。その言説は、（神、民主制、科学、というように）内実がいかに変化しようとも変わることなく効力を

*1　このモティーフの文脈と誕生については以下を参照。Werner Spies, *Max Ernst. Les Collages. Inventaire et contradictions*, trad. fr., Paris, Gallimard, 1984 [éd. originale : 1974], p. 187-190.

発揮しつづける。そしてまた、この言説は、その規範的な効果を生み出すにあたって、ローマ＝キリスト教の伝統が支える法技術の要求と、そのフェティッシュな制度としての国家――一連のシリーズとして再生産することが可能な国家というもの――に身を添わせる。西洋のこうした神学的かつ法的な母胎を踏まえなければならない。さもなくば、西洋という文化の可塑性、みずからの規範システムのうちに反規範的な個人主義を統合するという（一見したところ逆説的な）力量、さらに、制度的な武器を行使して他の文化を押し潰すさいに発揮される実効性というものを把握することはできないであろう。

だが、砕け散り、統御しがたいものとなった世界のうちにあって、西洋という〈準拠〉の運命はどうなっているのか。西洋の身体的な輪郭ともいうべきものは不鮮明になりつつある。それは、「領土」という古典的な概念[*1]にまつわる大規模な制度的異変（広域経済圏・防衛圏をめぐる協定がそうであり、これによって、たとえばアジアの一部がアメリカの周縁地帯として取り込まれるようになった）、あるいは産業による私的支配がもたらしている地球規模での再封建化の結果であるだけではなく、西洋の「観測器具」の進展そのものの結果でもある。マネージメントと結びついた民主制[*2]、あるいは宗教を併呑する「思想の市場[*3]」、キリスト教の統一運動[*4]、メディア化された間文化主義などの名のもとで、ヴィジョンは変化し、世界はもはや強制的な改宗ではなく、たがいに似たもの同士がスタンダード化される過程を経て均質になってゆくのだと思われている。世界からついに他者の

＊1　この概念は、ローマ法に由来し、« territorium » という用語とともに継承されてきた。この用語について古代の語源学は次のように定義している。すなわち、司法官が、威圧し、恐怖を吹き込んで人びとを逃散させる権利（『学説彙纂』五〇・一六・二三九・八によれば「脅かす権利（ius terrendi）」）を行使する場所、あるいは、鋤で引いた畝によって境界づけられた所有地（セビリアのイシドルス『語泉』一四・五・二二）であるという。

＊2　ソヴィエト崩壊以降については、たとえば以下の文献を見よ。P. Slater et W. G. Bennis, « Democracy is inevitable », *Harvard Business Review*, vol. 68 (1990), n° 5, p. 161-176.

＊3　自由検証というプロテスタント的な原理にもとづいて、「思想の市場」という政治的な主題は宗教に適用され、アメリカ最高裁の判決によって法的な概念と化した。以下の書物に収められたアメリカの法律家たちの報告を参照されたい。Laurent Mayali (dirigé par), *Le Façonnage juridique du marché des religions aux États-Unis*, Paris, Mille et Une Nuits, « Les Quarante Piliers », 2002.

＊4　ローマ＝カノン法のモニュメントであり、また近代性の最初の支えとなった教皇庁は、西洋的な制度性の特権的な伝達者であったといえるが、それは、カトリックの形式に即しながら、惑星規模における取り込みという帝国的な権力を演出している。そのことを証言したのは、主要な宗教の代表者が教皇（ヨハネ・パウロ二世）を取り囲むという儀式であり、これは精密に統御され、効果的にメディア化された。

不透明性が払拭される、というわけだ。そんなふうにして、この「観測器具」はみずからの内なる検閲を忘れ、西洋に対する他者の眼差しが同じ構造的な論理に即していることを忘れてしまう。そして、われわれが本当にはそこにいない場所に立ちながら、われわれ自身にほかならぬ他者を見つめるのである。

状況を確認しておこう。ここ数十年、ポストモダンの知識人の教説を浴びてきた西洋は世界規模の脱構築者と化している。それは撒き散らされ、断片化している。端的にいえば、征服――領土の征服ばかりでなく植民地主義に由来する古い表現を借りれば「心の征服」[*1]――と、あらゆる類の境界の押しつけという問題系は時代遅れとなり、この問題系とともに吹聴されてきた基準によっては現状を把握することなどできない。だからといって、西ヨーロッパで生まれ、アメリカ化され、今日では己の開放性とやらに陶酔しているこの文明が、自己を他の文化と同列な文化のひとつだと見なすようになるとは考えにくい。権力関係の根底において、それがみずからの世界観を相対化するとは考えにくいのである。はたして、それは可能なのか、それとも不可能なのか。

アイデンティティの問題を再検討しなければなるまい。ただし、課せられた足枷を外すことが必要である。西洋の眼差しが自己に立ち戻り、西洋を他と同列な文化のひとつとして検討するようになるとはどういうことなのか。そのためには、西洋が、他者についてのみずからの発見——それは民族学や宗教史などによって蓄積されてきた——を近代性の考察に転用できるようにならなければならない。これらの発見は、主体と文化の組立て、つまりは論理に関係している。だが、「人類学」という概念（それは「文明」と同じぐらいあやふやな概念である）をめぐる熱狂にもかかわらず、その扱われようたるや、あたかも西洋はそれを抜け出したのだとでもいうかのようだ。そして、非西洋的な文化はいまなお、われわれの「思考モデル」の排水口でありつづけている。*2

もしも批判的な精神がまだ敗北を喫していないのだとすれば、急所となる大いなる問いを明るみに出し、それによって、西洋を普遍的な構造のうちに位置づけつつ、人類学的な対象として検討し、その輪郭を描き出すための方法を考え直すよう求めることは可能なのである。そこでの課題は、ヨーロッパとアメリカの近代性を系譜的な特殊性において考察することだ。そして、この作業の出発点となるのは、あらゆる人間社会がアイデンティテ

---

*1　この表現は、今日では忘れられた著者の次の書物のタイトルから借りた。Auguste Pavie, *À la Conquête des cœurs*, Paris, Bossard, 1921 [réédition : PUF, 1947]. なお、著者は、一八八五年に「カンボジア学校」という名の最初のフランス植民地学校を設立した人物である。

ィ〔同一性〕と他性の関係を構築するために機能するさいの基盤となる諸領野である。こうした見通しを立てると、人間の組織化にとっての「ファンダメンタル」——経済学の用語を借りよう——と呼びうるものを考慮に入れることが必要となる。つまりは歴史的・地理的な条件を超えた部分のことである。そうした部分が何であるのかを、あまりに簡潔であるかもしれないが、二点にわたって指摘しておきたい。

i　系譜的な権力（あらゆる文化にとっての中心的な課題である再生産）の確立を通じて因果性原理を演出すること。そして、（非近代的な社会においては）伝説という形式、また（科学産業時代の西洋においては）批判と伝説の組み合わせという形式を通じて、人間と世界を人間に呈示すること。

ii　ことばの信用を定礎するという機能。それは、言語によって世界を己のものにするという手続き（つまり、あらゆる形式の技術に対する意味作用の支配）であり、紐帯の社会的な作成を可能にする決疑論システムの展開である。

このような理論的作業のためには、他性という壁を前にして自分が袋小路に陥っていることを見ない帝国主義的な知の体系からは手を切らなければならない。この他性の壁を眼に見えるものとしたのは、とりわけ、宗教現象と呼ばれるものと西洋との不意の遭遇であった。かつて、そうした現象は個人主義によって解消されるか単なるフォークロアと化すかのどちらかだと考えられていた。半世紀来、つまりは第二次大戦以来、やみくもな実証主義の失敗は事実として明らかに示されている。とりわけ、あちらこちらに輸出されてきた還元的な社会学主義は、かつて発明されたうちでもっとも大きな探究の装置を、われわれ自身の問いかけのシステムを理解するために不可欠の領野において作動不能の状態にしている。けれども、いちばん大切な事実はそこにあるのでさえなく、数少ない観察者によって予感されていた次の事実、すなわち世界化――西洋主義の新しい波と意図的に混同された世界化――についての思い違いである。

西洋主義の幻想とは次のような思いなしである。つまり、生活スタイルの輸出、あるい

＊2（二二頁）　たとえば、いまでは中国において、経済競争の渦中にあって伝統的な組立てが保護機能を十分に果たさなくなり、主体の荒廃という問題が引き起こされている。さらに、その自動的な帰結でもあるかのようにして精神医療が整備され、西洋流の精神管理の技術が流入している。次の証言を参照。**Fen Jing, « The Docter Is In »,** ***Beijing Review*****, August 2003, p. 10** ***sq.*** それによれば、「中国人は、精神科医のカウンセリングを通じて個人的な悩みに対する専門的な助けを受けたいとますます願うようになっている」。この資料は国際弁護士のイヴァン・ラザフィンドラタンドラ氏に提供していただいた。

は六〇年代から七〇年代にかけて作られた表現によれば技術移転（法的規範の導入はそうしたものとごっちゃにされてしまった。西洋にとっての排出口と化した国々では家族の組立てに関する規範までもが犠牲となったのである）は、通貨の切り替えのように、いわばアイデンティティの改変（自己に対する関係の変化）としての価値をもっているはずだ、というのである。だが、文明をプログラムすることはできない。それは篩にかけられる。文明は、みずから負担を背負いながらお互いを吸収し、外からもたらされたものを変形してゆく。たとえ歴史的な延命や強制のためであったとしてもそうなのだから、諸文明が西洋の挑戦をはねのける力量をそなえ、さらには自前の刻印をそなえた近代性を作り出しつつある現況にあって、ことはなおさらである。

かくして、西洋を人類学的な対象として再考することは、惑星の西洋化の限界という問いを開くことでもあるのだ。

本書の見取り

本書の導きの糸は最初の講演のタイトルが示すとおりである。つづく二回の講演は、この中心的な主題にとっての必然的な、またそれと連動した展開部である。

第一講演は、西洋はいかなる基盤のうえで自己を認識しているのかというきわめて一般的な問いを出発点としながら、視点を明確にしたものである。そこで課題となるのは、人類の差異化の手段であるアイデンティティの組立てを跡づけることだ。こうした素材には、超高圧というわけではないにしろ電流が流れているのはたしかである。というのも、われわれの種にとっての苦痛をなすものがそこに込められているのだから。それは、世界の系譜的な組織化を背景とした対話的な関係、つまりはアイデンティティ〔同一性〕と他性の関係の構築である。そして、ここでの他性とは、自己と他者がともに含む他性、世界が含む他性のことである。

こうして、われわれは、歩むのがきわめて困難な人類学的領野に踏み込むことになる。取り組むべきは言語にまつわる問題系であり、言い換えれば、〈理性〉という課題をめぐる問いである。すなわち、物質性の脱物質化、身体とことば、イメージと概念に対する主体の関係、さらには、表象の生とそれを支える論理への入口としての鏡像性といったことがらがそこにある。それが第二講演の地平である。

こうした見晴らしが開かれるならば、その帰結として、人間のドグマ的な次元を掘り下げることが必要となる。そこに束ねられた問いは根底的なものである。というのも、それらは西洋によってプロモートされてきた個人主義が猛威をふるい、新たな世界化によって表象のシステムのあいだに相剋が生じるという現況の核心にあるのだから。主体と文化の相互帰属は、地理的・戦略的な広がりをもった政治的な事案である以前に、論理の問題、系譜的な論理の問題である。第三講演は、それまでの論証に依拠しながら、規範的なものの本質と、それが結果としてもたらす演劇性を考察しようとしたものである。地球上のいたるところにあって制度的な現象はそうしたもののうちに属している。

講演本体のテクストは実際に読み上げられたものと同じであり、変更はない。

第一講演　西洋が西洋について見ないでいること

わたしは旅行者として、とはいえ過去から現在にいたるさまざまな文書〔書かれたもの〕のうちを旅することに馴染んだ旅行者として、そしてさまざまな社会を何よりまず〈テクスト〉として考察する者として日本にやってきました。

つまり、わたしは〈テクスト〉の読み手として、わたしにとって馴染みぶかい西洋の〈テクスト〉を、その歴史的な多様性と統一性に照らして読む人間としてここに来ています（ここで西洋とは人間という種の個別的な一ヴァージョンのことです）。

けれども、西洋が西洋について見ないでいることについてお話しするというのは、ほかでもないわたし自身が西洋の純然たる産物なのですから、ずいぶん大それた物言いです。

そんな試みはいかなる名のもとに可能になるのでしょうか。西洋を、ある意味で外国人の眼差しで見ること、自分自身の世界を、まるで自分がその外部にいるかのようにして見ることが、わたしにできるのでしょうか。

このことでわたしが提起しようとしているのは、ある外部をめぐる問題、つまり自己自身の内部にもまた存在している他性〔他者としての性質〕をめぐる問いにほかなりません。それはまた〈鏡〉のメタファーをわたしなりに理解した結果でもあります。〈鏡〉は主体に向けて、そのイメージと主体の住んでいる世界のイメージを送り返してくる。そして、そのイメージのうちに主体は自分自身を見出します。つまり、わたしはここで西洋人として、このイメージを読み解き、それに問いかけようとしているのです。言い換えれば、わたしは西洋を、アイデンティティとの関係において考察しようとしているのですが、その出発点となるのは、アイデンティティの論理を明らかにし、そこからさまざまな帰結を引き出そうとするようなひとつの知のありかたです。そして、そこで論理というものが問われるとしたら、問題は単に西洋ばかりでなく、この個別的な文化の枠を超えて、それぞれに固有のアイデンティティを構築するわれわれ一人ひとりの経験に関わってきます。文化は、一個の〈鏡〉として、われわれ一人ひとりに人間と世界についてのイメージを呈示しるものです。ここで論じるアイデンティティとは、そうしたイメージとの関係において理解されます。

このような問題の立て方は一筋縄ではいきません。というのもそれは、話す動物としての人間のステイタス、ひいては言語的な構成物としての社会を問い質すことになるからです。そこに踏み込むには、まず西洋を人類学的に位置づける必要があります。そのために、フロイトから根本的な指摘を借用することにしましょう。すなわち、「文化の展開は、個人の展開と相似しており、それと同じ方法によって働く」、ということです。[†1]

地球は西から東に回転し、昼から夜へと繰り返し経めぐります。けれども、われわれは自分たちの見晴らしのなかで生きていて、あたかも東洋と西洋[†2]が固定されているかのよう

---

†1　この指摘は微妙に表現を変えながら以下で繰り返されている。フロイト『文化における居心地の悪さ』八（GW, XIV, P. 504）。

†2　同時にキリスト教世界における東方と西方の区別が踏まえられてもいることに留意。ルジャンドルの指摘によれば、ローマ・カトリックが東方正教と断絶したことは、中世にあって西洋近代の核心が形成されるうえでの重要な契機である。

に、不動の場所に暮らしているかのように思いなしています。

ことばをそなえた動物――つまり人間――は、精神的な事象のために心を奪われ、大地の記憶に問いかけたり、天空を探ったりします。なぜ昼があるのか、なぜ夜があるのか。なぜ、生と死があるのか。生まれるより前に、わたしは誰だったのだろう。始まりの前には何があったのだろう。不滅の知はあるのだろうか、と。

ヨーロッパ――それは世界の断片のひとつにすぎないわけですが――では、あるひとつの文化が練り上げられ、再生産されてきました。この文化は、さまざまな言説によってその住処を作り上げてきた。そして、ある特定の語りが因果性のイメージを、つまり世界の系譜的な秩序を演出してきたのです。それが名高いユダヤ＝キリスト教です。西洋は、超近代の今日にあってさえ、この語りのうちにみずからの〈祖先〉を見出しているといえるでしょう。

この語りによれば、世界とは解読すべき一冊の書物だということになります。地上の世界は神がみずからの手で書き記したものだというわけです。この神とは聖書の神であり、またキリスト教の神です。地理（géographie）という言葉は語源をただせば、「地を‐書く」ということですが、この神の地理には人類も含まれています。そしてこの地理は〈彼〉、つまり知を有している〈至高者〉、人間と世界にとっての〈主〉にして所有者たる存在の作品だとされているのです。

〈自然〉つまり〈被造物〉は読み解かれるべきメッセージであるという見方、そして普遍的な支配の権利を行使する専制君主としての神の〈権力〉というイメージ。西洋人はみなそうしたものの直系の子孫なのです。なるほど、神の形象は除去されました。ニーチェの名高い表現によれば「神は死んだ」というわけで、世俗的な形象がそれに取って代わりました。〈進歩〉、〈科学〉、〈民主制〉といったものがそうです。それらは啓蒙哲学の時代からこのかた推奨されてきました。しかし、歴史的に距離を置いて見れば、このことが示しているのは、西洋の〈テクスト〉が二千年にわたって同じ思考の構造を温存しているということです。ここでわたしが描き出し、分析しようと思うのはこの構造なのです。

したがって、ここでわたしが試みようとするのは、いささか大胆ではありますが、西洋というもの、そして西洋を特徴づけている近代性を定義すること、さらにその帰結として、「世界の西洋化」とは何を意味するのかを把握するということです。ただし、今日ではこのことは、交換経済のグローバリゼーション・世界化と混同されてしまっています。

この西洋人の眼差しを論じるにあたって、わたしは否定的な言い方から出発することにしました。「西洋が西洋について見ないでいること」という、この講演のタイトルがそれです。なぜ、こんな言い方を選んだのでしょうか。

それは次のような理由からです。詩や芸術は、人間の胸を裂く苦痛を語る経路としてあります。けれども、そうしたものを別にすれば、一般に通用している考え方、とりわけ社会科学の類が流布させている考え方は、すべてを明るみに出し、満たし尽くそうと躍起になり、実証性というものに憑かれています。ヨーロッパ精神の伝統は——今日ではアメリカがそれを極点にまで押し進めているわけですが——、日本の作家である谷崎潤一郎が好んだ表現を借りるなら、「陰翳」や空虚、あるいは虚無といったものを理解しようとしません。実証性という角度から西洋を検証してみても、それは誰もが知っていることをくだくだしく述べることにしかならない。つまり、無限の進歩に向かう「理論的人間」[†1]という近代のイデオロギーがそれです。このような角度から西洋を検証することは、問いかけを窒息させ、西洋について新しいことをあえて学ぼうとする試みを妨げてしまいます。

この講演の主題に立ち戻りましょう。「西洋が西洋について見ないでいること（Ce que l'Occident ne voit pas de l'Occident)」という表現には両義的なところがあります。それによってこれからの議論は、ふたつの異なる方向――異なっているけれども互いに結びついた方向――へと向かうことになります。« de l'Occident » というフランス語の言い回しは実際のところ何を意味しているのでしょうか。一方では、西洋が西洋自身について見ないでいること、もはや見なくなってしまって、知らずにいることが何であるのかを探らなければなりません。そして他方では、西洋が西洋という位置を出発点とするときに、つまり自身の〈テクスト〉、その歴史的なシステムから出発するときに見ないですませていることを探らなければなりません。つまり、その他の世界、他者の世界、非西洋的な世界に関して、西洋には見ることのできないものが問われるわけです。

この二重の主題系のありようを明らかにするために、近代の〈鏡〉の起源にあたるところに立ち戻ってみましょう。アメリカの発見以後、キリスト教によって大地のポートレイトともいうべきものが描き上げられたその頃のことです。一五世紀の終わり、当時の新しい〈近代性〉は、西洋に、地球大の世界のイメージを送り返してきました。このイメージは神学的であると同時に、すでにして科学的なものでした。

---

†1　ニーチェ『悲劇の誕生』を参照。これと対立させられるのが「悲劇的人間」。

コロンブスによる新大陸発見を承けて、ローマ教皇はカトリック諸王のあいだで領土分割を行ないます。一四九三年、キリスト教普遍帝国の名のもとに、教皇アレクサンデル六世は書翰を発し、アソーレス諸島を通る子午線の東に、世界を東西に分割する境界を引いたのです。

このテクストは次のふたつの根本的な理由から非常に重要なものです。

まず、それはある意味で、近代的な統治の務めというものを定義しています。引用しましょう。「業を起こし、研究し、細心の意を用い、労力と支出、さらには危険を厭わず、ときにはみずから血を流すことも辞さない」。ここには、のちに諸国家の大規模な経営管理機能となるものが定式化されています。

第二に、このテクストは、普遍的なレヴェルに属する一個の技術を告知しています。それが法権利（droit）です。この膨大な問題を要約するなら、それは、通商を行なう法的な権利、そしてイエス＝キリストによる〈救済〉を普及させる法的な権利、つまりは人間と社会の命運についての西洋的なヴィジョンを普及させる法的な権利なのだといってよいでしょう。

このテクストとともに、普遍的な政治〔世界政治〕へ向けた賽が投げられました。このことは歴史家なら誰でも知っています。けれども、社会についての歴史家の知というのは、実証的で、すべてを明るく照らし出そうとする知です。だから、原理的に明るみを逃れるような仄暗い点、つまり、文化の〈鏡〉に対する人間の関係の盲点というべきものを検討する手立てがないのです。ここで何が問題となっているのでしょう。ここで〈鏡〉というメタファーが根本的であるというのはなぜでしょうか。

教皇の書翰に立ち戻ってみましょう。そこには、まさに科学性が潜在的な形で含まれていると同時に、全世界を西洋という〈準拠〉に向けて改宗させるという課題が込められています。

大陸の発見によって、かつての地理学者たちの誤りは訂正されました。西に向けて航海をつづければ、アジアのインドに到達するはずだと考えていた人びとは、行く手を塞ぐひとつの大陸に突き当たったのです。そうして、同じ名称のもとでごっちゃにされて、二種類のインド人が存在することになってしまいました。それは（多くの征服の果てに）西洋が突き当たった矛盾の新たな徴です。それによって西洋は他者――異質で反抗的な他者――に直面することになります。この他者は理解しがたいやりかたで西洋に抵抗します。「理解しがたい」というのは、西洋の眼差しからすれば、ということです。社会史のことは脇に措いて、仄暗い点、つまり無理解という問題に集中しましょう。この無理解というものは、さまざまな関係一般、そして関係のシステムを通じて、終わりなく生まれてきます。

ここで無理解という現象を前面に押し出すのはなぜか。それは、人間の組立てという構造が問題になっているからです。この組立ては、自己のイメージに対する関係、このイメージの他性を出発点としながら、アイデンティティというものを構築します。つまるところ、その出発点には、人間、主体のおのおの、われわれ一人ひとりが自己のうちで出会い、担うことになる他性というものがあるのです。

ですから、人間にとって第一の他者とは自己自身なのです。けれども、人間はそのことを知りません。あるいは、詩や芸術といった迂回路を経て、間接的にそれを知るだけです。ここでわたしが考えているのは、ランボーの「わたしは一個の他者である」という表現、あるいは谷崎の「友田と松永の話」の登場人物のことです。人間には、この自己自身についての無知というものがつきまとっていて、それが具体的な他者、外部の他者、自分に似た存在に対する関係にも大きな影響を及ぼしています。

こうした見地からすると、「文化は個人と同じ方法によって働く」というフロイトの指摘は、人類学的な性質を帯びた、扱いにくい事実を告げていることになります。個人と同じように文化も、他者、つまり類似した存在を見るにあたって、まず何より自己のイメージとの関係、つまりは根底に無知を含んだ関係を出発点にするということになるわけですから。

この基礎的な与件の、政治的、社会的、宗教的な現れは、文化の孤独という事態です。この孤独は、自己自身のうちに無知の根底を抱えた構造的なものです。したがって文化がたがいに接触するときに、その背景となるのは、ある原理的な無理解だということです。

したがって、西洋、そしてそれを特徴づけている近代性を、アイデンティティという観点から考察するのであれば、それは、あらゆる文化に関係してくる問いかけに取り組むことにもなります。自己のイメージとはどのようなものか。それは、当事者が知っていて、それを求め、これが自分なんだと唱えるようなイメージです。けれども、そのイメージの根底には同時に無知があります。そしてまた、文化に属する主体に対して、人間と世界についての特定のイメージを差し出す〈鏡〉は、どのようにして構築されているのかという問いがあります。

わたしの考察はこうしてたがいに補い合うふたつの方向へ向かうことになります。

西洋は何を土台にして自己を理解しているのか。西洋は自分について何を知り、何を知らずにいるのか。そこでは、近代文化のネガティヴな根拠について考察することになるでしょう。

ついで、その実際的な帰結を跡づけなければなりません。つまり、問いかけと知をめぐって禁じられることになった道を明らかにするということです。この点については結論部で簡単に触れるにとどめようと思います。

西洋は、いかなる知と無知を土台にみずからを理解しているのか。

文明としての西洋とは何でしょうか。西洋文化とは何なのでしょうか（ここで、« culture » つまり「文化」という語が、古くは、生き抜くために農民が地を耕す労働を意味していたことを念頭に置いておきましょう）。そして、何が西洋のアイデンティティを構成しているのか。このアイデンティティはいかにして形成され、また再生産されているのか。

現代の西洋は、アイデンティティという問いの根底、仄暗く悲劇的な根底に直面することを避けています。フランスのような国では、今日、アイデンティティという単語そのものが追放されているほどです。

まず、実に多くの言説が、西洋を記述するにあたって因習的かつ大雑把なやりかたをとっていることを確認しておきましょう。こうした言説は、几帳面にコード化された方法にしたがって、政治的かつ社会的な紐帯を考察しています。近代の思考は、標準化されたコンセプトの一大商店を作り出したのですね。それは、「民主制」というパッケージで売りに出されています。政治科学、構成主義的な法学、そしてとりわけ社会科学などが、そういってよければ「冷凍食品」のような理論の輸出にいそしんでいる。地球全体がいままでは西洋化されて、どこにいてもそうした理論を消費することができるわけです。

この商店には――トーマス・マンの記念碑的な作品『魔の山』に出てくる表現を借りるならば――「瓶詰」も売られています。西洋が西洋についてもっている宗教や社会、その他のことがらに関する歴史的な情報が詰まった貯蔵瓶というわけです。そして、最後にあるのが、「エキゾチックな商品」の棚です。つまり、野蛮な社会についての民族学であるとか社会人類学とかですね。「野蛮な社会」という代わりに、現代の人びとは、伝統社会だとか、ときには未発展の社会、発展途上の社会といったような呼び方を好んでいるわけですけれども。

さて、文化にとって、これらすべてのうちに何があるのか。それは、自己についてのイメージ、当事者が知っていて、それを求め、これが自分なのだと唱えているイメージです。そのイメージから、アイデンティティについての、陳腐化され、輪郭の不確かな考え方が生まれてきます。というのも、それは、構造をめぐる問い、つまり近代のイデオロギーには収まりきらない問いと向き合うことを排除しているからです。アイデンティティという概念において問題となるのは、アイデンティティの組立ての論理であり、関係のシステムです。そして、こうした見取りのもとで、われわれは西洋にとっての根底にある無知を論じてみようというわけです。当事者が求め、これが自分だと唱えるイメージを支えているのは、そうした根底にある無知なのです。

文化のアイデンティティを構成する関係のシステムを定義するためには、ごく簡単に、ふたつの本質的な指摘から出発することができるでしょう。それによって、この無知の次元、言い換えれば、文明の生と再生産の条件でもある無理解の次元を浮き上がらせることができるはずです。そのふたつの要素とは次のようなものです。

i　まずは、時間との関係があります。それが忘却と抑圧の手続きを支配しています。

ii　それから、これは理解するのが本当にむずかしいところですが、構造による決定というものに関わる要素があります。これを不可視の〈建築〉と呼んでおきましょう。[†1] つまり、〈テクスト〉――ここでは西洋というテクスト、西洋文化ということですが――のうちにある〈鏡〉の論理です。

時間に対する関係――歴史的、そして神話的な時間との関係

人間という種は、時間に向き合っています。それは単に歴史的な、流れてゆく時間だけではなく、夢や神話の時間でもあります。

ことばやイメージの作用、つまりは人間を他の種から区別する表象の生によって、それぞれの社会は限界と有限性に向き合い、そしてこの有限性を通して虚無と向き合っているのです。社会は時間を構築し、それを演出します。というのも、話す動物にとって、誕生と死を自分のものにするということは、起源と運命を考えること、すなわち因果性を問うこと、自己の原因と世界の原因を問うということを意味しているからです。

†1　中世神学に由来するこの概念については以下を参照。Pierre Legendre, *De la Société comme Texte. Linéaments d'une anthropologie dogmatique*, Paris, Fayard, 2001, p. 174.

こうして文化というものは、みずからが知っていること、知らずにいることの両方によって——これが「個人と同じ方法によって働く」ということの意味であるわけですが——、系譜的に組織されたひとつの世界を練り上げるのです。他のどこでも同じように西洋でも、われわれはみな過去の子どもです。そしてわれわれの過去は中世以来、革命が間近に迫っていることを告げつづけてきました。この点で意味深い中世の表現を引用しておきましょう。それは「世界の総体を鋳直す」というものです。この告知を今日にあって担っているのは先端科学です。あるアメリカ人の発言を引用しておきましょう。「われわれはいま、地上に生命が誕生したことにも比しうるような変化にさしかかっている」、と。

こうした予言は、実効性を旨とする西洋には珍しいことではありませんが、それはまさに、近代に深く刻印された廃滅と変革のファンタスムを表明するものです。それは、あらゆる拘束を統御しうる権力という幻想を作り出していて、そこには、時間から身を引き離しうる権力というものも含まれており、さらにその究極の地平には、死を廃滅して虚無に勝利する権力の姿が思い描かれています。

こうした近代のファンタスムは表構えにすぎません。その背後にあるのは何かといえば、西洋というものを定礎している神話なのです。つまり、人類を生み出し、人類の生存を正統化してくれる神的な全能性の演出です。そのようにして、われわれは、系譜的な歴史の囚われ人であり、生きる理由を構築するにあたって特定の流儀を継承しています。われわれ西洋人は、こうした再生産の論理、一個の継承をめぐる真理に身を託しているのであって、構造的に見れば、人類の他の人びとと同じように伝統的であるし、保守的なのです。

たしかに、われわれは近代の西洋人です。自分は過去から解放され、民主的で、さまざまな文化をまたいで存在している、そう主張しています。けれども、われわれが自分について抱いているこのような確信は、忘却する〈記憶〉によって、つまり、西洋のドグマ的な〈記憶〉によって支えられているのです。

「ドグマ的」とはどういうことでしょうか。これについては三回目の講演で詳しく論じるつもりですが、このきわめて重要な用語が意味しているのは、幻想と現実というふたつの境位を包摂し、綜合する言説のシステムです。そういう言説を出発点として、起源や運命というものが考えられ、因果性が問われるようになる、つまりは〈理性〉が制定されるのです。

このような西洋のドグマ的な〈記憶〉、その核心にあるのは、定礎する神話、つまり系譜を語るひとつのシナリオです。定礎する神話とは、起源と運命、人間と世界の原因についての言説のシナリオです。そしてこの言説はある位置から発せられるのですが、それは個人の位置ではなく、文化における〈準拠〉の位置なのです。

このシナリオのうちに、西洋人は自分自身の姿を見出します。そしてまた、個人が両親のイメージに与えるのと同じような信頼をそれに与えます。かつて、このシナリオとは聖書のことでした。つまり絶対無類の〈書物〉です。この〈書物〉という媒介によって、世界は、ある特定の方法で読解可能なもの、解釈可能なもの、理解可能なもの、つまるところ居住可能なものとなりました。人類学的にいえば、聖書は、定礎的な神話がもつ抗しがたい力をそなえたものとして機能したわけです。

けれども、近代におけるドグマ的な〈記憶〉――この〈記憶〉は歴史的な時間だけではなくて神話的な時間の所産でもあります――とは何でしょうか。聖書はまず、ユダヤ人によってユダヤ人のために書かれました。では、ドグマ的な〈記憶〉は、それについて、われわれに何を伝えているのでしょうか。言い換えれば、ユダヤ教に接ぎ木されたキリスト教は、このシナリオをどんなふうに操作し、こねくりまわし、変形したのでしょうか。そしてまた、ユダヤ=キリスト教というステレオタイプ化された表現が指しているものは、どんな風に消化され、再利用される効果的な素材となったのでしょうか。「効果的」というのは、戦略的な観点からして実効性をもつということです。こうした消化や再利用を行なったのは、世界化を押し進める西洋であるわけですが、技術と科学と経済に支配された時代にあって、つまり（またしてもニーチェの名高い表現にしたがうならば）「神は死んだ」とされる時代にあって、いったい、それはどのようになされているのでしょう。

このような状況にあって、定礎的な神話、つまり一個の系譜的な継承について、その構造と効果を見定めながら論じることが、いまでも可能なのでしょうか。答えは、はっきりイエスです。現代の西洋といえども、時間に従属しており、みずからの生成のありようとの関係において、その伝統の拘束を逃れることはできません。それはなぜかということを手短に説明しようと思います。大切なのは、新手のプロパガンダと手を切って、歴史の終わりなどなく、そしてまた神話的次元の廃滅などない、ということを理解することです。

この点について、ドグマ的な〈記憶〉――分析にあたっては、それを一個の〈テクスト〉の記憶として考えることができます――を論じることで、何がわかってくるのでしょうか。社会――ここには口承的な伝統をもつ地域の社会も含まれます――を〈テクスト〉として考察すること、その帰結として、文化を言説による構築物として考察すること。それによって、歴史性に対するわれわれのアプローチの仕方は根本的に変化することになります。

つまり、こうした言説による構築物の練り上げと再生産のメカニズムの論理を考えることが可能になるわけです。そうすると、「文化の展開は、個人と同じ方法によって働く」ということの意味が、ずっとよくわかるようになります。ドグマ的な〈記憶〉ということの輪郭がはっきりしてきて、われわれは次のことを理解するでしょう。つまり、もはや、ある点から別の点へ、そこからさらにまた別の点へと移動してゆくような、直接的な展開をたどる歴史のありかたが問題なのではない、ということです。

いってみれば、われわれはテクストの地質学を手がけようとしているのです。西洋という〈テクスト〉もまた、書かれ、書き直され、それらが堆積していった結果としてあります。われわれの現在も、表面をめくってみれば、その背後にさまざまな堆積があって、それが、この現在に深さを与えているのです。そうした堆積は決して消滅することがありません。単に、われわれがそれを忘れてしまっているだけです。そしてわれわれはまた、この忘却のうちにある無数の属性、とりわけ抑圧という属性のことを忘れています。

こうした考察を出発点として、わたしはいま述べた堆積的な歴史の本質的な特徴を三点にわたって挙げてみたいと思います。それは西洋の現在を構成する特徴でもあります。

第一の特徴　隠蔽された系譜

今日、西洋的伝統の核心を定義し、また要約するにあたって用いられる「ユダヤ＝キリスト教」という表現があります。しかし、これは奇妙な表現であって、一個の文化における抑圧がどのようなものであるのかをよく示しています。西洋に関していえば、そこで斥けられ、抑圧されているのは、正統性、すなわち真理の根拠をめぐる根本的な相剋です。この相剋は、聖書というシナリオをめぐって、つまりは定礎する〈祖先〉をめぐって、キリスト教をユダヤ教に対立させています。「定礎する」というのは、人間にとって法をなすものの基礎を据えるということです。

なるほど、キリスト教はユダヤ教に接ぎ木され、そこから枝分かれしています。けれどもそれは、ユダヤ的な〈法〉、すなわち戒律の本質そのものを斥け、その儀礼的な解釈のさまざまな手順や、身体と魂の分割（いわゆる心身分割）の扱い方、さらにはまたその社会的な規則を斥けているのです。これは〔人類学の用語を用いるならば〕「〈祖先〉を盗む」という詐術にほかなりません。この詐術は、アイデンティティに関する人類の歴史においてはありふれたものなのですが、それによってキリスト教は、みずからがユダヤ教の完遂であり、その継続なのだということを主張しているわけです。

このように、内実を空にしながらユダヤ教を取り込んでしまうというキリスト教の姿勢は、やはり根本的なひとつの問題をもたらします。つまり、西洋のキリスト教は、みずからの合理的な解釈の手順、心身分割の扱い方、そして政治的かつ社会的な組織化の原理、さらには「宗教」という概念そのものを、いったいどこで手に入れたのか、という問いが浮かんでくるわけです。

キリスト教はそうしたものを、ローマ帝国と、ローマ法の体系の戦略的な能力のうちに探し求めました。こうして、「もうひとつの聖書」が構成されたのです。この聖書は隠れたままで、ユダヤ教と何の関係もありません。それがローマ＝カノン法というモニュメントです。ここにはまさに抑圧をめぐる根本的な要素があるわけで、それは近代性というものを理解するうえで必須の事項です。つまり隠れた系譜が形成されているのです。その基礎になっているのは、ローマ帝国への同一化であり、ローマ法の特徴である普遍的な包摂を実行する権力を、みずからのうちに取り込んだということです。

いかにして——いかなる宗教的かつ政治的、法的な組立てによって——この隠れた系譜が「近代性」を生み出すことになったのか。この問いに答えるために、西洋人にとっての現在を構成している第二の特徴について話を進めましょう。それは、中世という坩堝のことです。

第二の特徴　産業的近代の戦略概念の坩堝としての中世

ユダヤ人という〈祖先〉、より正確にいえばユダヤ人の聖書のシナリオ、そしてそれがひとりの人間のうちに受肉した神というシナリオに変形されたこと、生ける絶対の〈書物〉（それはイエス・キリストという人物のうちに宿るわけです）というシナリオ、そうしたものを抜きにしてキリスト教を考えることはもちろんできません。

そしてまた、ローマ帝国とその法的な培養池——中世の教皇権はそれらを系譜的に継承しながら、みずからを普遍的正統性の保証者兼分配者として打ち立てたわけです——を抜きにして、産業的近代について考えることはできません。今日、教皇という存在はメディア的に演出されていますが、そのありさまを見れば、そこにあるのが世界の西洋化という事態の生きた紋章であり、つまりは、ローマ法から滋養を得た、帝国的な劇場性の証人であるということがわかるでしょう。

こうしたことは、実際の場面では、どのようにして実現されたのでしょうか。近代性が含むこの隠蔽されたメカニズムを把握するためには、中世（一二世紀から一五世紀にかけて）において加工された諸概念、規範、解釈の手続きといったもののシステムを研究しなければなりません。つまり、ローマ=カノン法（あるいはローマ法と教皇権の結びつき）の制度を考察しなければならないということです。この言説の組立てを支えたのは、スコラ学と呼ばれている哲学であり神学でした。そしてこの組立てこそが、やがて産業的な文化の体制となるものの定礎を構築したのです。

それによってもたらされたものはヨーロッパ精神に深く刻まれています。そのいくつかの例を挙げてみましょう。

まず何より、ローマ=カノン法が、事実および事実証拠というふたつの概念の練り上げを通じて流通させた技術的な原理を指摘しなければなりません。近代の科学技術的な〈理性〉を制定する源泉はそこにあります。

それから、責任をめぐる決疑論の制定があります。それは、主体の意図を忖度する知という法的な観念を出発点としながら、過失や罪科についての決定をくだすものでした。それが、ヨーロッパ精神を深く特徴づける心理学主義の制度的な源泉になっているのです。

そして最後に、国家（Etat）という概念の到来があります。この法的概念は、当初は変幻自在のものだったのですが、中世の政治神学と法学によって新たに論じられることで抽象的な構築物となり、近代のあらゆる用途に対応するものとなったのです。これは地球規模の使命を帯びることになった巨大な発明です。つまり、規格化された一連の政治的な道具立てが作り出されたということです。

第三の特徴　同一の神話的構造の伝承

西洋という〈テクスト〉の堆積的な歴史という論題を締め括るにあたって、ドグマ的な〈記憶〉という概念が浮かび上がらせてくれる第三の根本的な特徴を指摘しておきましょう。それは、同一の神話的構造の伝承ということです。このことは一神教的な至高の〈準拠〉の反復として現れていますが、西洋はこの〈準拠〉によって支えられているのです。

西洋の近代を理解するためには、いつでも定礎的な神話という構造に立ち返らなければなりません。それはつまり、起源と運命について聖書が展開した言説のシナリオのことです。この言説は、ひとつの論理的な位置、構造的な位置を出発点として構築されます。いうまでもなくキリスト教は、一神教が練り上げたこのような至高の〈準拠〉の連続性のうちに位置づけられます。

わたしは、西洋という〈テクスト〉には隠蔽された系譜があるということを指摘しました。そうしてみますと、ローマの継承者としてみずからを打ち立てた教皇権が、皇帝という至高の位置をも借用しているのだということがわかります。そのことを明白に告げているのは「帝権のまねび（imitatio imperii）」というラテン語の表現です。

言い換えれば、西洋の神話的構造は、至高にして全能である位置の演出というものを繰り返しているのです。世界が読解可能かつ解釈可能となり、また理解可能となるための出発点となる言説がそこに位置づけられているということです。

そしてこのようにして、複雑な迂回路とコード化された相剋（信と理性、神と科学の相剋）を通して、西洋文化は聖書のシナリオからローマ＝カノン法のシナリオを経て、科学のシナリオへいたりつくことができたのですね。こうして、至高にして全能の〈科学〉という現代の神話が作られています。

では、ここからは、不可視の〈建築〉、つまり〈鏡〉としての文化というむずかしい問題を論じてみることにしましょう。

不可視の〈建築〉、あるいは〈鏡〉としての文化

西洋は、実証的なもの、充足したもの、透明なものに取り憑かれています。だから、自己についての無知や無理解を、客観的な知識の不足、つまりは矯正すべき不完全性なのだと考えます。

西洋は、知られていないもの、[†1] 知でないもの〔非‐知〕、見損なわれているもの、端的にいえば否定的な次元が人間の知を構造化しているということ、またそれが何にもまして話す動物によって構築される自己自身についての知を構造化しているということを見ようとしません。このことは文化にもあてはまります。文化とは、言葉にできないもの、否定的なものを統合しながら、知られざるものを作り出し、それを支えとしながら、みずからを構築し、再生産するものなのですから。

さきほどまでは、ドグマ的な〈記憶〉を検討してきました。それによって西洋の舞台裏、もうひとつの西洋が見えてきました。そのイメージは、当事者たる西洋が知っていて、それを求め、これが自分なのだと唱えているイメージとは非常に異なったものでした。〈祖先〉を盗むこと、それは西洋が、民族学の研究対象となった他の人びとのうちに見出した

†1　フランス語の « insu » は、「知られていないもの」であると同時に「無意識的なもの」のことでもある。詳しくは第二、第三講演を参照。

異質性です。隠蔽された系譜とは、科学的なイデオロギーが排斥する非合理的なものです。ということはつまり、西洋は自分自身の一部しか見ようとしないし、受け容れようとしないということになります。その他の部分は、西洋にとって異質であり、不愉快なものだということです。そういうものは西洋の眼を逃れてしまう。そして、芸術や音楽や詩が、そうした言葉にならないものを引き受けているのです。

文化間の戦略的な関係という観点からすれば、おのおのの文化の歴史的な選択、その生成のありかたは、自己についての無知の偶然的な成行きと相関しています。つまり、この無知は統合されるかもしれないし、否定されるかもしれない。あるいは、他者へ転嫁されるかもしれない。文明間の相剋は、このようなことを土台にして展開されるのです。それは表象の戦争であり、イメージをめぐる戦争です。この戦争のうちにあって、ひとは、正面にいる具体的な敵と戦うと同時に、自分自身のうちにある仄暗い部分とも戦い、後者を自己の外部へと投げ出すわけです。

これらすべてを考慮してみるならば、われわれはアイデンティティという普遍的な問題構成へ立ち戻ることになります。つまり、表象の生の前にあっては、あらゆる文化は平等だということです。ところで、表象の論理とは言語活動を支える論理のことです。そのことは、言語的な記号と、それが主体に対して指し示す事物の関係が例証しています（この点については次回の講演で論じましょう）。この論理を例証するのは何よりまず、自己のイメージへの人間の同一化という関係なのです。そして、この関係の前提には、第三の要素、つまり〈鏡〉というフィクションがある。そうすると、ここで、三項的な論理あるいは鏡像的な論理なるものを論じる準備が整えられてきます。この論理がアイデンティティの関係を支えており、表象の生のあらゆる水準へ、したがって文化そのものへと拡大してゆくのです。

こうして、〈鏡〉の場面は脱物象化され、メタファーとしての位置を取ることになります。このメタファーが説明しているのは、〈理性〉を構築し、知られたものと知られざるものとを基礎にして文化に形を与えるような不可視の〈建築〉です。

文化のレヴェルにおいて、自己のイメージについて知られていることと知られていないことがある。そうだとして、このふたつの領分はどのように分節されているのでしょうか。この問題は、西洋にとって、アイデンティティの関係が、他者の次元、他性――自己の内部と外部に同時に存在しているような他性――といったものと、どのように対峙しているのかを問うことへと帰着します。

この点についていくつかの大切な指摘を提示しておきましょう。

第一の指摘。ここ数十年来、フィクションというものに対する関係が崩壊しています。これは西洋文化における重大な出来事なのですが、その帰結がどのようなものとなるかは予測することができません。

近代は、鏡像的な次元を転覆させつつあり、三項的な論理を排除しようとしています。それを明らかに示しているのが、人間についての問いかけの矮小化です。科学的に測定可能なもの、計算可能なものがあらゆる領域を浸食していて、心身関係の組立て、そして〈理性〉の組立てを支えている言語的な構造そのものが侵されているのです。

また次のことを確認しておかなければなりません。計算可能性に依拠した科学の勝利――現今のプロパガンダによれば「認識の征服者」たちの勝利――の影響下にあって、系譜的な構造化、そしてそれが必要とする神話的かつ儀礼的な支えは、過去の遺物、過ぎ去ったアルカイズムだとして告発されています。そうして、時間との新しい関係、時間の具体的な現実に対する関係は、客観的で科学的な説明のほかにはいかなる媒介もない直接的なものだとされているのです。

われわれは「理論的人間」の到来を見ているというわけです。この表現を用いたニーチェは次のように述べています。「理論的人間は、本質的に詩的なもの、つまり神話を、あたかも聾者が音楽を理解するかのように［…］、つまり狂った運動として理解するのだ」、と。最後に、注意を喚起しておきたいのは、大いなる象徴的組立て――西洋が「宗教」と呼んでいる組立てです――の解体ということ、そしてまた、国家――それは世俗世界における人類学的な機能の保証者であり、親子関係を制定することで種の再生産を定礎する機能を担ってきました――のテクノクラート化ということです。今日の近代社会に顕著なこうした傾向の発現は、〈鏡〉の場面を構成している隔たりが押し潰されていることを示しているのです。

このような三項論理の転覆のはっきりした効果は、ことばの紐帯の解体、社会的な紐帯の解体、そしてその結果として、社会学者がいうところの不可思議な「指標の消失」として現れてきています。もっとはっきりいえば、アイデンティティの組立ての崩壊に直面して若い世代が陥っている困惑、それはこうした転覆の結果なのです。

不可視の〈建築〉、〈鏡〉としての文化についての第二の指摘に移りましょう。西洋には暗黙の戦略があります。それは「他者の取り込み」ということです。新たな形式でなされるこのような改宗のありかたについて手短に述べてみましょう。

非西洋的な文化に対する西洋の眼差しを把握するためには、真理の支配〔真理の帝国〕という経験へ立ち戻らなければなりません。それは、ローマ法と結びついたキリスト教的精神に密着していて、真理をめぐる権利を地球全体に対して行使することで、他者を――あらゆる他者を――誤謬から引き離し、それによって改宗しようとすることです。真理は世界を所有し（Dominium mundi）、そこに――これは先に述べたアレクサンデル六世の書翰からの引用ですが――「キリスト教徒すべての浄福と栄光」をゆきわたらせようとするわけです。

このことを産業的近代の用語で言い換えてみましょう。真理は西洋化された人類に「幸福」と「力」をもたらす、ということになります。そしてこの西洋化の基盤にあるのが、さきほどお話ししたような隠蔽された系譜です。つまり、ユダヤ＝キリスト教ではなく、近代の最初の波、すなわち中世を通じて練り上げられたローマ＝カノン法が出発点となっているのです。

ヨーロッパは、みずからの改宗作業のための大がかりな道具立てを、このローマ＝カノン法という近代の最初の波から受け取りました。

一方には政治的な道具があります。つまり国家という規格化された概念、そして同化のための法的な技術がそれです。

他方には思考の道具があります。より具体的にいえば、他性をめぐる諸カテゴリー、文化（ラテン語でいえば《cultura》）という中世的な概念に貫かれたもろもろのカテゴリーのことです。この言葉はもともと、非合理的な制度的実践、ローマ＝キリスト教的な〈理性〉とは異質の実践を指していました。[†1]つまりユダヤ教の実践のことです（割礼、そして、「常軌を逸している」と裁断された聖書読解のありかた[†2]）。しかしまた、それは信徒ならざるもの（つまりイスラーム）、そして、のちに野蛮と呼ばれるような人びとの実践のことも指していました（野蛮とは、ローマ＝カノン法の用語でいえば、《ethnici》で、これが「民族（ethnique）」の語源であるわけです）。

これらすべてのうちにあって本質的なことは何でしょうか。それは、改宗のための歴史的な手続きではありません。そんなものはよく知られています。西洋は、他者に対する死にもの狂いの闘争から、緩慢な根絶を経て、他者の自己抹消を要求するにいたったわけで

†1　『グラティアヌス教令集』C 26, q 2, c 9.
†2　『新勅法』一四六。

す。しかしここで根本的なのは、他の文化に対する今日の西洋の関係、技術と科学と経済によるグローバリゼーションという文脈のうちで作動している論理——鏡像的な論理あるいは三項論理——、そして構造の反復なのです。

〈鏡〉というメタファーによって、われわれは文化というものが〈鏡〉として、つまり神話と儀礼によって定められた権力（〈鏡〉の権力）として機能していることを理解しました。〈鏡〉の媒介によって人間は自己を同定し、自己自身の他性とのあいだの関係を構築するわけです。アイデンティティと他性とのあいだのこうした建築という観点からすれば、ある〈鏡〉を別の〈鏡〉と取り替えること、ある文化の言説を他の文化の言説へと改宗させること、それらは実存的な問題に抵触するのだということになります。

改宗を押し進める西洋人は、他者のうちに、みずからが抱いている西洋人についてのイメージを発見しようとする。他の文化はそれ自身のために存在しているのではなく、ただ条件つきで存在しているにすぎない。それは、西洋に対して、西洋の言説とカテゴリーを送り返すという役割を果たすべく呼び出されているということです。

けれども今日、この改宗という問題はどうなっているのでしょうか。それはグローバリゼーションという新たな形式をとった西洋化に奉仕しています。〈鏡〉の問題系はいまや自由貿易主義の掌握するところとなって、改宗の問題は通貨市場の問題と似通ったものになりつつあります。

為替市場では、ある通貨を他の通貨に切り換えることができますが、それと同じように、「思想の市場」というものが機能しているといえます。この表現はアメリカの最高裁によるものですが、それが指しているのは宗教のことなのですよ。[†1] おわかりでしょう、この市場での本位貨幣つまり基準価値は、西洋という〈準拠〉であるわけです。

こうして考察を進めてみると、歴史上のさまざまな変容を超えたところで、論理の連続性を一般的に考察することが必要になります。この連続性の動力源となっているのが「取り込み」という戦略的な能力です。他の文化を破壊することはできませんから、西洋はそれを内部に取り込むのです。みずからを他者に対する〈鏡〉として打ち立てること、つまり絶対的な権力――イメージをめぐる権力――を行使すること、それが西洋の暗黙の戦略であり、近代の最初の波から今日まで引き継がれてきた戦略なのです。

---

†1　この問題については以下の書物を参照。Laurent Mayali (dirigé par), *Le Façonnage juridique du marché des religions aux États-Unis*, *op. cit.*

展望――問いかけと知をめぐる禁じられた道を跡づけること

この講演を締め括るにあたって、ひとつ思い出すことがあります。それは、人間のコミュニケーションのむずかしさをわかってもらうために、わたし自身がかつて学生たちに述べた言葉です。「誰も他人の代わりに夢を見ることはできない」。この事実は次のことを証していいます。人間は自己自身との関係において孤独であるということ、そして、人間にはみずからの存在の根底、つまり自分自身の理解されざる部分をことばのうちに移すことができないということ。これは文化にもあてはまります。文化は孤独であり、それと同時に、自身に対して不透明なものであるわけです。つまり文化は、いつでもコミュニケーションの困難に直面しているのですね。

わたしが描き出してきたような現実――西洋が西洋について見ないでいることがら――は、ある論理と歴史の帰結です。そうした論理や歴史が、問いかけと知をめぐって、ある道をたどることを許可し、別の道を禁止することになります。この問題については簡単に触れるにとどめましょう。西洋的な真理の支配は固有のドクサを作り出しました。それは人間と世界に関する特定のヴィジョンであるわけです。いいかえれば、そこには一貫性と実効性をそなえたドグマ的なシステムがある。過去と現在におけるその展開は地球全体の利害と関係しています。そして、この地球は、今日、交換経済のグローバリゼーションと混同された西洋化というものに直面しているわけです。

以上のように提示してきた考察から、未だ知られざる運命、われわれの共通の運命というものを論じてみることが許されるでしょうか。

この運命なるものは古くから存続してきた諸文明のうちに根ざしています。それは表象の生と、この生を支える三項論理に依拠していて、これからもそうでありつづけるでしょう。ということはつまり、今日にあって、アイデンティティと他性をめぐる問題を、新しい歴史的な文脈において、また地球全体に見合った規模で立てなければならないということです。その結果として新しい考察作業が必要となります。つまり、西洋主義的な軌道かられわれわれ――西洋人であるか非西洋人であるかを問わず――を決然として引き離すような問題化の作業が必要なのです。

自身にとって馴染み深い西洋という〈テクスト〉の読解者として、わたしは、世界が西洋主義のうちに閉ざされてしまうことの帰結に懸念と怖れを抱いています。つまり、鏡像的な論理の転覆、西洋において作動しているこうした転覆が連鎖的な効果を及ぼしてゆくことに不安を感じているわけです。

ローマ＝キリスト教と啓蒙に由来する文化は、民族学を通じて、諸文化を生きながらに解剖してきました。他者から音楽や演劇、空想的な物語、詩といったものを受け取ることはできても、それが政治的・制度的な帰結をもたらすことはありませんでした。なぜでしょうか。西洋、そして世界の西洋化という企てには、西洋という事象に対するメスとしての異邦人の眼差しが欠けているからです。西洋に対して、そのアイデンティティをめぐる問い、その異質性をめぐる問いを突きつけるようなイメージと言説が立ち戻ってきていないからです。

それだから、わたしは、人間という種におけることばの運命に問いかけ、ドグマ的なシステムの考察に取り組むような思考の必要性を心から説いているのですね。ドグマ的なシステム、それこそが、グローバリゼーションというスクリーンの背後で、今日の人類によって共有され、人類のありようを規定しているのですから。

ふたつの註記

一　アレクサンデル六世の書翰は有名なテクストで、歴史家によってもしばしば引かれる。その冒頭には「神の御心にかなう業のすべてのうちにあって（Inter caetera divinae Maiestatis beneplacita opera）」とある。書翰の全体は以下で読むことができる。*Bullarium Romanum*, t. I, éd. de Lyon, 1692, p. 466-467.

二　本文中で「ローマ＝カノン法のモニュメント」なるものに言及した。これは西洋にとってのもうひとつの聖書、その法的な資産と考えるべきものである。まず、ユスティニアヌス一世によって六世紀に実現された巨大な集成がある〔いわゆる『ローマ法大全』のこと〕。中世のヨーロッパはこれを取り込み、教会が作りあげたやはり巨大な集成〔『グラティアヌス教令集』のこと〕をそれに組み合わせた〔「ローマ＝カノン法」という表現はそこに由来する〕。こうして近代性にとっての制度的な基礎が打ち立てられたわけである。この問題について、わたしは『講義』シリーズの一巻を割いて論じるつもりである〔『第

IX講「人類は二様に統治される」　西洋のもうひとつの聖書、ローマ＝カノン法のモニュメント』)。のちに以下の書物として公刊された。Plerre Legendre, *L'Autre Bible de l'Occident:le Monument romano-canoniqu. Étude sur l'architecture dogmatique des sociétés*, Paris, Fayard, 2009.

第二講演　話す動物とは何か――人間の組立てについての考察

言語によって分割された動物

A　言葉

B　心身の分割

C　〈鏡〉の謎

制定された動物

A　制定

B　社会という概念を再考する

ヨーロッパの伝統において、法学と法制史の教育には言語の秩序を考察するという課題が含まれていました。古代ローマや中世から継承された偉大な著作には、語の意味に関する論攷（そのタイトルは「言葉の意味について（de verborum significatione）」というものでした）が付されていて、そこで重要な哲学的問題が提起されていたのです。たとえば言葉と物の関係、あるいは事実、事実証拠の定義といったことがらです。いってみれば、この時代においては、社会的規則の伽藍や制度の建築を教えるのに、まずもって、ことばという人間的な組立てを参照することが求められたわけです。

そこで思い出されるのは、フランスの法律家アントワーヌ・ロワゼル[†1]に由来する一七世紀の格言のことです。それは、言語を参照するということの実際的な帰結が何であるかを明らかにしています。つまり、「牛を繫ぐには角をもってするが、人を繫ぐにはことばをもってする」というのですね。この格言は、近代西洋のもっとも特徴的な制度、すなわち契約を定義したものです。契約は、地球規模に拡大した交換という産業的な実践を支えており、また、国家の正統性を表明するものでありつづけています。国家は理念的には契約によって基礎づけられるからです（これが社会契約という古来の考えであり、ルソーはそれを改めて論じたわけです）。

ところで、この契約という概念は、西洋のリベラルなイデオロギーを象徴しているわけですが、ロワゼルの表現にもうかがわれるように、そこでは、もうひとつ別のことがはっきり述べられています。つまり、ひとつの軛、強制というエレメントが考えられていて、自由を妨げる何かへわれわれを立ち戻らせるのですね。あるいはもっと踏み込んでいえば、牛の角を繫ぐ木片のように、人間を疎外するものがある。けれども、この対比が示しているのは、ことばで繫がれた人間にとって、強制は身体的なものではなく、それとは別の次元にあるということ、まさに言語という紐帯が人間を他の動物から区別しているということです。

かれら動物たちとわれわれ人間の差異を分析し、理解するにはどうすればよいのでしょうか。この問いは西洋の思考にいまも取り憑いています。そこで、この講演を始めるにあたって、わたしはアリストテレスの一節、人間を「政治的な動物」と定義している『政治学』の名高い一節を読み上げたいと思います。それが書かれてから二五〇〇年ほどが経過しているわけですが、この古代ギリシアの哲学者が人間という動物と他の動物を区別したやりかたは、これからわたしがみなさんを前に論じてゆく問いにとって、いまでも最良の入口です。

アリストテレスはこう述べています。「人間は、他のいかなる動物——蜂や、その他の群れをなして生活する動物——よりも政治的な動物である［…］、というのも、動物たちのうちで、人間だけがことばをそなえているのだから」[†1]。

アリストテレスが用いているのは「ロゴス」というギリシア語です。それは、ことばを意味するけれども、同時に、理性への関係、因果性の表象ということをも意味しています。

---

†1（七一頁）　Antoine Loysel, 1536-1617. フランスの法学者。主著に『慣習法要項（Institutes Coutumières）』（初版一六〇七年）。ここで引用されている表現は同書二・一・二に見られる。

†1　アリストテレス『政治学』一・二、一二五三a。

「人間はことばをそなえている」という表現がいわんとしているのは、人間は、その事実によってまた、「理性的な動物」、世界の理由を問う動物、「なぜ」という問いを抱えた動物だということです。

そして、人間の思考——善と悪、正義と不正を思考すること——について論じたのちに、アリストテレスは次のように結論づけています。「人間に共通するこれらすべてのことがらによって、家族と国家《シテ》が形成されるのである」、と。[†1]

こういう言い方は、動物のもつ他性に向き合うひとつの立場であるということを確認しておきましょう。アリストテレスの哲学は西洋に実に深い刻印を与えてきましたが、それは文化の作業が何であるのかを示しています。つまり、人間が、みずからを差異化することによって自己を同定し、自分自身を認知するためのカテゴリーを打ち立てるという作業です。この伝統から生まれた社会は、自分たちの組織化のありかた、さまざまな制度、それにアリストテレスがいうところの「政治」というものが、トーテム動物をめぐる物語と関係があるなどとは思っていません。同様に、聖書で語られる全能の神は、『ラーマーヤナ』に登場する神がかりの力をもつ猿とは何の関係もないと思われている。西洋人にとって、自己自身の理解とか、自己自身の動物性の理解、種の差異化というのは、いってみれば冷たい客観性という方途によってアプローチされるのです。

近代の人類学の問いかけもそこから発生してくるのですが、これはフロイトと精神分析の登場にともなって冷たい客観性を超え出るようになりました。フロイトは次のように問うています。「動物はわれわれに似ているのに、なぜ、文化のためにこれほどの闘争を繰り広げたりしないのか」[†2]、と。「これほどの闘争」という表現が指し示しているのは、欠落感や不安、存在することの苦痛、人間の悲痛な運命のことです。文明はそうしたものを転置して、みずから引き受けるわけです。そうしてみると、問いかけは新たな道をたどることになります。わたしが提起する道――つまりドグマ人類学ということですが――は、フロイトの直観と論証によって可能になったのです。

人間の悲痛な運命を、人類学が問うているさまざまな構築物の土台となる材料として考えてみること。こういう企てには危ういところがあるし、あちらこちらにむずかしい問題があります。それらの困難には克服できるものもあれば、そうでないものもある。それは、

---

†1　アリストテレス『政治学』一・二、一二五三a。
†2　フロイト『文化における居心地の悪さ』七（GW, XIV, P. 504）。

「話す動物」たる人間を、不分割なものが社会化された存在、つまり、ひとまとまりのブロックとしてではなく、言語によって分割された存在として考える試みです。この存在は、言語によって自己と世界から切り離されていますが、しかしまた、この言語という紐帯によって結びつけられてもいる。そして、社会や文化、文明と呼ばれているものは、この紐帯によって構成されているのです。

こうした観点からすると、考察が向かうべき方向は次のようになります。「話す生き物」という表現には「生きる」と「話す」というふたつの要素がありますが、そのふたつの要素が一個の組立ての論理に即して分節され、関係づけられ、理解されるような視点を取るということです。結果として、この論理はアリストテレスの合理的な枠組みを仮設的に超え出るものとなります。

言い換えれば、組立ての論理——この組立ては地理的・歴史的な条件によって無数に変化します——を見出すことによって、われわれは、あらゆる社会、あらゆる文化を、この人間という種における表象の論理の前で対等なものとみなすことになる。そうだとすれば、研究の対象となる文化が動物性にアプローチするにあたって、客観主義的なモードを採用しているのか（西洋の伝統がそうです）、超越的なモードを採用しているのか（たとえばトーテム的な伝統がそうです）といった差異は、たいして重要ではありません。というのは、いずれの場合も、問題になるのは言説であり、言説の組立てだからです。そして、この組立てそのものが、われわれの問いかけの中心にあります。つまり、それが人類学的な研究対象になるということです。

ここで、さきほど引用したロワゼルの「牛を繋ぐには角をもってするが、人を繋ぐにはことばをもってする」という古い格言を改めて取りあげ、右のような普遍的な論理のうちに位置づけてみましょう。この法律家――ということはつまり制度性の専門家であるわけです――が強調した「ことばの紐帯」というメタファーは、いわば本来の香りを放つようになります。紐帯という概念には二重の含意があります。まずそれは、分離された要素のあいだの関係という観念のことを考えさせます。つまり言語による分割というものを考えなければならない。そしてまた、紐帯という以上は、拘束のことをいっているのでもあって、つまりは規範的なもの、制定されたものが問題となっているわけです。

こうして、「話す動物とは何か」という問いに対して、はっきりした答えが描き出されてきます。つまり、「言語によって分割された動物」であるけれども、同時にまた「制定された動物」でもある、ということです。このふたつのテーマについて、いくつかの考察を示してみることにしましょう。

言語によって分割された動物

「話す動物」という表現にはふたつの項が含まれています。それは一見したところでは釣り合わないように思われます。「動物」とはつまり身体性のことですね。そして身体というのは、物質的にはっきりと枠づけされた対象、科学の特権的な対象であって、観察され、分析され、管理されるわけです。けれども「ことば」、これはいったい何なのでしょうか。この言語ということがらが介入してくるやいなや、われわれは根本的な不確実性に直面することになります。この問題系にはさまざまな階層があって、はっきりした境界がないわけです。

道教の対話のひとつを借用してみましょう。師が弟子にいいます。「おまえの体をまったきものとしなさい」。すると弟子は師に問います。「体によって体を見出すことがどうしてできましょうか」[†1]、と。

ここにあるのは、まさに分離、そして分割をめぐる謎であるわけです。いったい身体とは、まったき身体とは何なのでしょう。欠けた部分が取り戻された身体とは何のことなのでしょうか。人間の問いかけに、つまりはことばにしたがって統一されているような身体とは何なのでしょうか。

「話す動物」という表現は、西洋においては長い哲学的な伝統に基礎づけられていますが、それは、道教が取り組んだのと同じものに取り組むための西洋なりの方法なのですね。つまりそこでは、言説という現象、そして、われわれの種を他から区別しているこの言説に対する身体の関係が問われているわけです。

では、今度はわれわれが冒険を試みることにしましょう。

一歩ずつ入ってゆくことにします。まずは単純きわまりない事実を確認しましょう。話されるものとは何かといえば、それはいろいろな単語であるわけです。音声によって発される単語。あるいは、ものいわぬ書きものの表面で手がたどる単語。そして、われわれの

---

†1 この主題については以下を参照。Kristofer Schipper, *Le Corps taoïste. Corps physique, corps social*, Paris, Fayard, 1982, p. 254 *sq.*

内面の思考の単語。けれどもまた、発音されたり書かれたりする単語なしに話されるものもある。音楽の声がそうです。そしてダンスにおけるように、ひとの表情、手、足、さらには全身によって語られることがそれです。

こんなふうにいえるでしょう。人間にとって、宇宙とはことばの宇宙なのであり、読まれ、理解されるために練り上げられたメッセージの宇宙なのだ、と。実際、西洋の伝統においては、〈自然〉は、知の問いかけに開かれた一冊の巨大な書物としてあります。

画家のミロはこう述べています。「一本の木を見るとき、わたしは衝撃を受ける。あたかもそれが息をし、話すものであるかのように。一本の木もまた人間的な何かなのだ」[†1]、と。われわれにとって理解がむずかしいものは、まさにここ、つまり「あたかも」の次元、言い換えればフィクションの次元から始まります。この次元があるがゆえに、身体の物質性、そしてこれまた物質化されている言葉の現前という単純な事実を超えてゆかなければならないのです。

西洋人は言葉を扱うのに、客観性と実証性という方途を採用しています。西洋の近代にあって、言葉は技術的な対象、情報を運ぶ媒体だということになりました。言葉は有用なものなのだとされて、身体と一体になったものとは考えられなくなっているわけです。同様に、身体、つまり人間の動物性も、芸術を別とすれば、同時に言説としてのステイタスをもつとは考えられなくなっています。

だから今日では、アフリカ（より一般的にいえば口承的な伝統をもつ人びと）の舞踏法が神学や形而上学の書物と等価でありうるということが理解されなくなってしまっている。そして、さらに理解されずにいるものが、中国や日本のエクリチュールの伝統において記号や文字が担っている儀礼性、すなわち演劇性の刻印です。

このような無理解に応じて、トーマス・マンの記念碑的な作品『魔の山』の登場人物は次のように述べています。「文字の滑稽きわまりない崇拝に支配された中国」、と。

しかしながら、他のあらゆる文化におけるのと同様、西洋においても、「あたかも」ということ、つまりフィクションの次元は、さきほど引用した道教の師がいうように、人間が「まったき身体」、言い換えれば「話す動物」であるために絶対にたどらねばならない迂回路なのです。

---

†1　以下を参照。Joan Miró, *Je travaille comme un jardinier*, avant-propos d'Yvon Taillandier, Paris, Société internationale d'art, 1964, p. 25.

こうして「話す動物とは何か」という本講演の問いに近づくための最初の一歩を踏み出したわけですが、その一歩とは次のことをしっかり確認することでした。すなわち、言葉とは媒介であり、それによって人間は、みずからの動物的な物質性と世界の物質性との関係に参入するのだということです。

だとすると、「あたかも」ということ、つまりフィクションの次元——道教の師やミロはそれを適切かつ根本的な表現で語っていたわけです——は人類学的な射程を含んでいるということになります。それは、物質性を非物質化するという論理的な必要性ということです。ことばをそなえた種のうちに生が出現し、それが生きられ、かつ再生産されるためには、身体と世界が非物質化されなければならないのです。

換言すれば、自己と世界に対する関係は言葉のスクリーンを経由するということです。人間のアイデンティティには複数の水準がありますが——わたしがいわんとしているのは、自己への同一化（それが主観的なアイデンティティ形成です）と、世界の同定および世界への同一化ということです——、そのすべてにとって前提となるのが言葉のスクリーンなのです。わたしが「言語による分割」と呼んだものは、このような言葉による身体と世界の脱物質化の効果なんですね。そうしますと、構造的にいえば、つまり人間的な宇宙の構築という点からいえば、われわれが論じるべきは組立て、言語による組立てということになります。

このような見取りを開いてみると、さまざまな問いの結び目が現れてきます。それをこれから解きほぐしてみましょう。具体的にいえば、いかにして分割が人間に課されるのかということです。この分割は、身体のステイタスを支配するだけではなくて、知られたことと知られていないこと、つまりは意識と無意識との関係にも関わっています。無意識というのは、まさに、知っているということの背面なのです。言い換えれば、次のような問題があることになります。言語による分割は、どのように表象の生、すなわちイメージの作用と分節されているのか。しかしまた、ここで重要なのは、言語と不可分な規範性の側面を視野に収めること、したがって、主体の分割と文化との錯綜を視野に収めることです。こうした関係のすべてを解きほぐし、全体的な一貫性を把握するための手引きとなるのが、アイデンティティ、もっと正確にいえば、アイデンティティの組立てという概念です。この点についても一歩ずつ進んでゆくことにしましょう。

A　言葉

言葉について、言葉という問題構成について問うことから始めましょう。これは、古典哲学が言葉と物を分割し、また分類する権能を論じることで深く研究したものです。また、近代の言語学は記号についての考察を通じてそうした問題を扱いました。さらには精神分析があります。精神分析は〔人間の〕舞台裏を明らかにしたんですね。フロイトはそれを「別の場面」と呼びました。

言葉の構造を出発点とすることによって、アイデンティティという人間的な組立ての論理について何が把握されるようになるのでしょうか。この構造は分割について何を教えてくれるのでしょうか。

要点を述べておきましょう。一方で、言語的な記号は、基礎的な三肢構造というものを明らかにしてくれます。他方で、名指すという操作（ある名詞、合法的な名詞によって事物を同定すること）は、人間精神の劇的な構造を内に含んでいます。わざわざ「劇的」というのはなぜかといえば、名指しという行為は、人間の自己と世界に対する関係を記号によって演出し、劇場化する権能の行使だからです。以上のことから、われわれはもうひとつの大切な事実に導かれることになります。つまり、言葉は人間の心身分割と関係しているということです。

まずは、組立てが含んでいるさまざまなレヴェルについて簡単に確認しておきましょう。

第一のレヴェルには単語そのものがあります。それが明らかにしているのは分割の秩序です。この点について、わたしはソシュールの論攷（それは根本的なものです）が開いた道をたどりました。ソシュールは記号の構造を分析しましたが、それを例証するひとつの例となったのが「木（arbre）」という単語です。そこにはふたつの項があります。ひとつはシニフィエ、つまり「木」という概念で、もうひとつはシニフィアン、つまりは音声が伝えるイメージとしての単語です。そして、ここに第三の要素が介入してきます。つまり、ふたつの項の関係のことです。ソシュールは次のように指摘しています。シニフィエとシニフィアンはひとつの紐帯を契約として結んでいる、と。[†1] ソシュールの註釈者たちは、紐帯をめぐるこの発言を重要だとは考えていませんが、われわれにとっては直に関心を引くものがそこにあります。なぜでしょうか。

†1　以下を参照。Ferdinand Saussure, *Cours de linguistique générale*, Wiesbaden, Otto Harassowitz, t. I(1968), p. 272.

この紐帯をドグマ的な紐帯と呼びたいと思います。なぜならそれは、〈鏡〉の場面において主体とそのイメージを結びつける紐帯と同じ性質、同じタイプのものだからです。そして、この紐帯は、ふたつの項（つまり概念としてのシニフィエ、聴覚イメージとしてのシニフィアン）のあいだの隔たり、距離に由来しています。ソシュールはこの隔たりを象徴的な図式で示しました。そこには数学的な比の関係の場合と同じように、分離のための区切り線があるわけです。

というわけで、記号は三肢構造というものを示している。そこでは、隔たりが第三の要素として機能し、シニフィエとシニフィアンの関係を作用させるわけです。ソシュールの例でいえば、概念とイメージ、物と言葉との適合の関係です。だとすると、記号の構造における隔たりとは、意味を伝えるメッセンジャーなのだということができます。それは、〈鏡〉によって導入される隔たりが、主体とそのイメージのあいだの紐帯、つまりは適合の関係を伝えるメッセンジャーであるのと同じことです。

では、ここから舞台としての記号ということを論じてゆきましょう。この問題は実に複雑で決定的なものなのですが、言語学の視野には入ってきません。なぜなら、そこではフィクションの次元が、現実に対する言語の関係の演劇化という形で導入されるからです。肝要なのは次の点を理解しておくことです。話す動物にとって、世界との関係は言葉によって構築されるわけですが、この構築はひとつの予備段階を前提とする。もっと正確にいうなら、ある支持体を必要としているのです。この支持体とは、人間による自己への関係の練り上げのことです。人間は自己自身を名指す言葉たちを己のものとすることで、世界に対するみずからの関係を組織し、そうして事物を名詞によって、つまりそれを名指す言葉によって同定するわけです。この錯綜した関係を要約するために、ある具体的な事例を援用しましょう。ある子どもがことばのうちに参入するさいに経験したことがらです。

あるときわたしは、小さな女の子が、自分自身を自分の前に投げ出された対象のようにして名指すのを観察したことがあります（ギリシア神話に出てくる女性の名を借りて、この子を仮にダフネと呼ぶことにします）。この少女は、わたしに自分が赤ちゃんだったときの写真を見せ、自分の名前を使っていうのです。「ほら、これがダフネ」と。「ほら、これがわたし」とはいいません。彼女はまだそこまでの段階にいたっていなかった。彼女の自我、自己と世界に対する彼女の関係はまだ始まったばかりだったのです。

この場面がもつ人類学的射程を把握するようにしてみましょう。人間の子どもが自分を、自分の外部にあるもののように名指すというのはどういうことなのか。

ここにあるのは、人間性における劇場的な命法の源泉です。つまり、すぐれてアルカイックなフィクションがそこにある。それは、人間が記号による自己と世界の演出のうちに位置づけられるさいに現れるフィクションです。この場面を、神が事物を指し示すために言葉を発明するという神話的な場面、ギリシア哲学（プラトン『クラテュロス』）の表現を借りれば、神が「名の工匠（onomaturge）」となる場面に比べてみることができるでしょう。†1 右の例の子どもは、自分自身を一個の対象として示すことによって──フィクションを通じて、とはいえ、知らぬまに、つまり無意識的に──名を作る神の位置を占めているわけです。しかし、そこにはどのような狙いがあるのでしょうか。

それは外部性を作り出すことです。外部性といっても、客観的なものではなく、自己の内部にある外部性のことです。子どもは、構造、つまり大人たちが事物を名指すために発する言葉の普遍性を把握し、自分もまた、そうした構造、ことばの宇宙に属していることを把握するのです。

したがって、論理の必然として、この子どもにとって、自分が生きている現実──写真によって彼女に送り返されてきた「それ」──は、観念的な点（つまり名の工匠という神話的な位置）を出発点にしながら、問題の子ども、まだ自分自身のために一個の自我を練り上げている途中のまさにこの子どもを名指す言葉のシニフィエとして現れるわけです。

そうしますと、子どもが神話的な位置――自分自身を、あたかも自己の外部にあるかのようにして名指す権能の位置――を通過するということが明らかにしているのは次のことだといえます。つまり、人間の子どもは、いわば隔たりという玉座を占めることで、外部性についての主観的な表象を獲得し、その表象をいまや世界に投影することができるようになるわけです。

B　心身の分割

さて、今度は心身の分割という問題を検討してみましょう。言語にまつわる人間の組立てのうちにあって身体が占める部分について、いくつかの考察をしてみます。身体と精神の分割、心身の分割とは何を意味しているのでしょうか。

記号によって人間と世界を演出すること。この事実を通じて、われわれは物質性の脱物

---

†1　プラトン『クラテュロス』三八九a。

質化、言語のうちに取り込まれた身体の脱物質化という事態に注意を向けてきたわけですが、そこにはひとつの重大な帰結が含まれています。つまり、それによって身体そのものがいわば演劇的な空間となり、ことばのうちに錨を下ろした表象の対象になるということです。そうすると、西洋において、身体と魂、ギリシア語でいえば「ソーマ」と「プシケー」をめぐる伝統的な区別、つまり心身の分割が表現している分有を問い質してみる必要があります。

キリスト教の決定的な影響のもとでこの区別は過激化され、計測可能なものをめぐる諸科学に支えられた近代にいたって、ついに不確実なものとなり、解体されることにさえなりました。心身の分割が計測可能なものをめぐる実証性の枠組みに強引に組み入れられたのです。こうした文脈において、全般化された実験と、認知――認識のメカニズム――に対する生物学の支配は、言語による組立てをめぐって、今日にあっては全面的ともいえる無理解を引き起こしました。この点については、精神分析の存在も役に立たなかったわけです。

そこで無理解に曝されていることがらとは、いったい何なのでしょうか。

ひとつの文化は、紐帯――主体を構成する紐帯、および主体と世界との紐帯――を作り出し、同時にまた分割を作り出そうとするわけですが、そのさいに動員されるのが、さきほど記号について指摘しておいた三項的な論理です。心身の関係にまつわることがらにおいて、この論理は、一見したところ相反するかに思われるふたつの項、つまり、身体とことばを両立させるべく働いています。「一見したところ相反するかに思われる」と述べましたが、これはなぜでしょうか。分割を作り出す言説は、身体をめぐる問題構成に対して表象の領野を開くことによって、身体を言語のうちに書き込むものだからです。それによって身体は、記号の構造のうちにインストールされるんですね。言い換えれば、身体はこの言説によって、イメージと概念を両立させるような組立てのうちにインストールされるわけです。

無理解に曝されているのは、まさにこの点なのです。肝心なのは、心身の分割といっても、身体の物質性が心の非物質性に対置されるわけではないということです。この分割は、なんといってもまず一個の言説——人間、つまり話す動物の言語的な組立てを指し示す言説——なのですから。

言葉と物の分割が言語の内部にあるのと同じように、身体と心の分割もまた言語の内部にあります。これは、実に厳密なことがらです。身体が心身の分割のうちに入るためには、まずそれが言語によって再構築されなければなりません。そこには、ことばによる身体の二重化ということがあって、身体を語るということは、身体のイメージという迂回路を前提としています。身体の物質性が廃滅されるわけではありませんが、それは、組立てのうちに、イメージとして、制定されたイメージとして引き受けられるのです。まさにこうした代償を払うことで、話す動物はことばによって統治され、(フロイトの表現を借りていうならば)「文化のための闘争」のうちに引き込まれることになります。

心身の分割をめぐる以上の考察は、生き物についての問いかけのうちに、ドグマ的な組立てをめぐる問題を導入することになります。それは何を意味しているのかといえば、身体が科学的な知――近代科学が発展させてきたような知――の対象であるということ、しかしそれと同時に、身体は表象の生の対象として、表象の論理に属しているということです。宗教や実証主義の誤解から抜け出るための一歩は、科学的な知の二重性を理解することです。それは計測可能なものの実証性についての知であると同時に、ドグマ的な組立てについての知でもあるのです。脳細胞の新陳代謝や生化学的なプロセスについての知は、思考や美学や倫理について何の光明ももたらしません。それらは、社会の生というドグマ的な宇宙に属しているからです。この宇宙を再発見するために、次に〈鏡〉の問い、鏡像的な組立てを論じることにしましょう。

C　〈鏡〉の謎

ここでは、〈鏡〉の謎ということについてお話しします。わたしは、「謎」という用語を、画家のマグリットが絵画の問題を論じるにあたって用いたのと同じように使っています。〈鏡〉の問題を介して、われわれは、人間の組立てを理解するためのもう一歩を進めることになります。

〈鏡〉とは何かといえば、それは説明の必要がないということです。それはイメージへの信なのです。自分自身のアイデンティティと世界の人間的な現前――つまり、ある意味でわれわれを見つめているような世界の現前――への信ということです。鏡は、われわれを、表象の生の根源となるようなものへ参入させる。つまり、鏡に対する関係には、なにかしらプリミティヴなもの、人間がイメージのうちに自分の姿を認めるさいに覚える感覚、内奥の異質性という仄暗い感覚が保たれているということです。言い換えれば、そのとき人間は自分が分割されていることを見出すのです。

〈鏡〉について、小説家のレオン・ブロワは次のように述べています。「それは、われわれの眼を内側に向け返すことであり」、さらには、「人間の魂という本当の深淵のうちに沈潜することだ」[†1]、と。これほどに詩的な表現ではありませんが、わたしとしては、〈鏡〉は、われわれをアイデンティティの深淵のうちに沈潜させるのだと述べたい。つまり、鏡像性――それはラテン語で「鏡」を意味する«speculum»という単語から作られました――ということのうちには、アイデンティティの紐帯の源泉がある。というのは、人間的な思考を「反射性」というメカニズムにしたがって構築するための人類学的な根がそこにあるからです。

この根本的な問題については次回の講演で立ち戻りたいと思いますので、ここでは、アイデンティティの組立てについて、いくつかの指摘を加えるにとどめましょう。これについても、さきほど、記号の構造と舞台について指摘したのと同じ論理――つまり三項的な論理――を見出すことができるでしょう。

第一の指摘。〈鏡〉の論理はアイデンティティの関係的な性質を明らかにしている。鏡像的な演劇性は、言語記号と同じような形で人間における紐帯の現象を示しています。

記号をめぐるソシュールの指摘を移し替えて、主体の眼差しとそのイメージは「ひとつの紐帯で結ばれている」と述べておきましょう。この紐帯はドグマ的な明証性、同意の確実性のうちに表現されます。主体は、それが本当に自分のイメージだということに同意するのに、いかなる証拠も必要としないわけです。

けれども、こうした自己のイメージ、つまり人間を異質性、分割による悲痛な引き裂きへ送り返すイメージは何を含みもっているのでしょうか。このイメージが含んでいるもの、それは、他性の最初の形象であり、この形象は〈鏡〉が導入する切断によって浮上してくる。つまり、自己自身が含む他者、それもまた自己であるような他者があるということです。そして、みずからを眺める主体はこんなふうに口にすることになるでしょう（若きナルシスが明晰さを取り戻した瞬間に口にしたように）、「それ、わたしはそれだ」、と。

この指摘の人類学的な射程とはどのようなものでしょうか。簡潔に次のように述べておきましょう。ことばのうちに参入する子どもは、自己自身を外部の対象として名指すという局面を通過し、それによって世界の外部性にアプローチし

---

†1　レオン・ブロワ『日記』、一八九四年六月六日。

ます。これと同じように、人間は、自己のうちに他性を構築し、それによって世界の他性、世界のイメージへの紐帯を練り上げるのです。そこでわかってくるのは、イメージの紐帯とは、言語的な関係のもうひとつの側面であるということです。それによって、人間は世界のイメージのうちにみずからを発見し、世界の事物がこの人間に向けて語り始めるようになる。つまり、人間は、世界と対話するわけです。文化は事物に人間的な相貌を与え、土地、山や川を名づけることによって人格化するのです。

このことを例証するために、谷崎潤一郎の『吉野葛』を例に取りましょう。登場人物のひとりがいいます。「あれは「御前申す」という岩です」、「あれは「べろべど」という岩です」[†1]というようにね。つまり人間界のあらゆるところで、イメージと言葉による世界の演劇化が機能しているのです。そうして、われわれは、事物のうちに据えられた言語を介して、この世界に住むことができるようになります。

第二の指摘。〈鏡〉とは分割する権力のメタファーである。

今度は〈鏡〉を、アイデンティティの組立てを構造化する審級として考えてみましょう。わたしが〈鏡〉を覗いてみると、そこにひとつの肖像が浮かび上がります。それは、まるで見えない絵筆によって描かれたかのようです。キリスト教の神話体系はこのフィクションの次元を忘れがたい表現で述べてきました。「魂は神によって描かれた」[†2]というのです。ここで神とは、類似を生み出す審級のことであるわけです。

自己のために他性を取り込むこと。それは、類似を確証する二項的な関係から自動的に結果するわけではありません。人間にとって、そこには第三の要素の媒介が含まれています。そして、この媒介を支えているのがことばです。〈鏡〉とことばを切り離すことはできません。その両者はともに同じ三項的な論理を表現しているからです。

ですから、見えない絵筆あるいは魂を描く画家としての神といった表現は、ある論理的な位置にある権力をメタファーによって示しているわけです。それは、自己と自己のあいだの隔たり、距離、そして悲痛な引き裂きを意味すると同時に、人間に対してフィクションの宇宙を開いてくれるものでもあります。

さまざまな神話体系は、この位置を秘密の場所だとしてきました。つまり、神秘的で恐

†1　『吉野葛』、岩波文庫、八二頁。
†2　『グラティアヌス教令集』C 33, q 3, c 35.

るべき全能の力の秘密ということです。たとえば鏡を布で覆う（小津の映画の一場面を思い起こすところです）とか、神格化された鏡を演出する（伊勢神宮の鏡はそうしたものではないでしょうか）といった日本の伝統が示しているのもそうしたことでしょう。

人類学的にいえば、分割する権力を〈鏡〉というメタファーで表現することは、人間の再生産におけるイメージの作用という問題系、つまりは系譜的な問題系につながっています。この問題系は、正統性の練り上げとアイデンティティ形成の作用を統御している三項的な論理に全面的に依拠しているのです。社会のレヴェルでいえば、〈鏡〉を操作する個人やグループは、自分たちの同類を意のままに操ります（わたしが考えているのは独裁者の全体主義的プロパガンダや、今日の広告産業によるリベラルな実践のことです）。政治や商業における実効性のレシピはいつでもどこでも同じで、同一の論理にもとづいている。つまり、自己のイメージと世界のイメージに対する主体の関係を捕捉するわけです。

けれどもまた逆に次のことも銘記しておくべきでしょう。隔たりを取り扱い、〈鏡〉を差し出す位置を占めること、つまり主体（子どもである主体）に自己と自己との距離、そして世界の他性を教え、また通告するという構造的な位置を占めること。それは、家族における両親の役割の本質なのだということです。こうした役割は、現代にあって、国家の系譜的権力を参照しながら、入れ子のように組み合わされた言説を通じて構築されています。

制定された動物

ことばという現象は種の進化のうちに構造的な出来事をもたらしました。つまり、人間の再生産を特徴づけている革命的な点、すなわち正統性の要求というものが生まれたのです。動物たちのあいだにあって、話す動物だけが、自己の現前、自己が存在しているという事実そのものを問うわけです。なぜ生きるのか、いかなる名のもとに生きるのか、と。

紀元前五世紀ギリシアの詩人ソポクレスは、オイディプス王をめぐる悲劇のある箇所で、母との近親姦、そして父殺しの不幸に触れたのちに、「生まれない」ほうがましだということを述べていますが、[†1] そこで問題となっていることは、問いかける生き物にだけ関係しているのであって、他の動物種には関わりのないことです。

†1　『コロノスのオイディプス』一二二四行。

しかし、ソポクレスは何をいわんとしていたのでしょうか、何を言い表そうとしていたのでしょうか。われわれにも、それはぼんやりとしかわかりません。実際、かれが演出したのはまさに、ぼんやりとしたもの、つまり暗がりのうちにあるものなのです。ソポクレスは正義と不正、正統と非正統を区別するために人間がたどる道を描きました。それは暗い道のりです。みずからの眼を潰したオイディプス王がたどることになる道なのですから。

悲劇のメタファーが示しているのは、正統性の要求——この要求が地球上のあらゆる場所で制度を支えています——の根は、暗く形の定かならぬもののうちにあるということです。近代はそれを記憶のうちに宿し、フロイトのおかげでひとつの概念に翻案しました。それが無意識です。制度的なシステムは盲目的に機能している。けれどもそれは、なぜ生きるのか、いかなる名のもとに生きるのか、という問いに支えられている。この問いこそが種を生に結びつけます。そして、世代を通じて伝えられてゆくのは、問いかける生き物のこのような紐帯なのです。

かくして、制度という問題構成の核心、中心的な対象は、ことばの論理のうちに蔵された問いだということになります。西洋の伝統は、このことを表明するのに「禁止」というものをもちだします。他の文化（たとえばインドの文化）は同じことを言い表すのに、人間は負債として生まれるのだ、人間は生きる負債なのだと説明します。「禁止」（フランス語で「禁止」を意味する《 interdit 》という単語は、分解してみれば「あいだでいわれること」となります）、「隔り」、あるいは「負債」についての言説は、存在するという事実、より正確にいえば、正統性に準拠しながら存在するという人間的な事実に否定的な次元が含まれていることを告げています。それは単なる苦痛や欠如として現れるわけではありません。その点では人間も動物も変わりはないのですから。そうではなく、ここで問題となる否定的な次元は、ことばの紐帯という軛が内包している「限界」として現れます。そして、文化は、「禁止」と「負債」をめぐる規範的な構築物を経由して、この限界を具体的に表現するのです。

禁止と負債の軛への関係、つまり、ことばの軛への関係とはどのようなものでしょうか。講演の冒頭で読み上げたテクストのなかで、「政治的な動物」、つまり、ことばによって家族と国家《シテ》を形成する動物を論じながら、アリストテレスはそうした関係の地平を集約的に提示していました。

この広大な問題系については手短に論じておくことにしましょう。まずは「制定する（instituer）」という語彙を文字通りの意味で理解してみること。それは立つこと、立たせること、打ち立てること、定礎することを意味しています。この用語は、組立て、人間の組立てという概念を理解するにあたって実に重要なものです。この語の広がりを理解することによって、「社会」という概念へのアプローチを根本的に更新することの必要性について考察の可能性が開かれてくるでしょう。

A　制定

「制定された動物」という表現は、構造的には何を意味しているのでしょうか。「制定する」ことが、立てること、定礎することを意味するのだとして、何を立たせ、定礎するというのでしょうか。そして、どのようにしてそうするというのでしょうか。

問題を把握するためには、一方で人間の組立ての要素――分割という問題系のうちで論じられた諸要素――、つまりはイメージ、身体、言葉を改めて取りあげ、規範性という角度から検討してみれば十分です。そしてまた、記号の場面、〈鏡〉による媒介、隔たり――言い換えれば、組立ての諸要素の分節に介入してくる第三の要素――を参照しながら、規範性の多様な状態やレヴェルが、ただひとつの同じ論理に依拠していることを見定めれば十分なのです。

以上の点を詳しくお話ししてみましょう。

そこに見出されるのは、ひとつの組み合わせのうちで作用している三項論理です。制定された動物、つまり、まったき人間はそこから生じてきます。まったき人間とは、われわれにはもはや馴染みの複数性の生ける綜合なのです。そして、ここでの複数性とは、言語記号の取り込み、アイデンティティ〔同一性〕と他性の練り上げ、心身関係の構成といったことです。制度とはこうした組み合わせを司るものであり、このような見地からすれば、規範的秩序の核心とは、言語作用が支える系譜的原理なのだということができます。この原理は、それ単独で、ここまでに考察してきた論理を要約するものです。以上を踏まえ、次の点について注意を喚起しておくことにしましょう。

第一点。論理的に最初のものである制度、それは言語《ラング》〔集団に共有された体系としての言語〕です。ソシュールの例を再び参照しながら記号の構造をもういちど強調しておきましょう。主体が話すとき、たとえば「木」という単語を用いて、他のものではなくて、この特定の対象を指示し、名づけるとき、この主体は言葉の負債を払っているのです。それによって、自分が債務の紐帯に参入していること、文化が構築した債権と負債の秩序のうちに自分も登録されていることを示すのです。文化こそは、言葉の負債の債権者であり、名の合法性を構築するものだからです。

第二点。世界を系譜的に秩序立てること。その動力源となっているのは、人間の再生産におけるイメージの構築であり、それを介して、アイデンティティの関係という問いを構築することです。この秩序立ては、性の差異の制定を経由します。具体的にいえば家族システムを経由するわけです。家族の制定は、ある論理的な一貫性の要求に呼応しています。すなわち、男は女ではなく、女は男ではない。そして、父は母ではなく、母は父ではない。母と父の系譜的機能は、話す動物、制定された動物が服する分割のイメージを体現しているのです。このような機能が、規範的な秩序に対する人間主体の関係を確立し、しっかり立たせるわけです。規範的秩序は個人が自由に処分できるものではありません。それを構築するのは文化だからです。

B　社会という概念を再考する

締め括りにあたって、制定をひとつの組立てとして考察しましょう。その帰結として、社会そのものがひとつの組立てとして考えられることになります。

社会は匿名的な群れではありません。それは文化によって構築されたひとつの組織です。

それは文化を前提とした編制であり、この角度から見るならば、フロイトが述べたように「個人と同じ方法によって働く」のです。

ということは、社会は諸個人の彼方にあるとはいえ、個人と似ていなければならないということ、つまりイメージと概念にならねばならないということです。換言すれば、社会はみずから話すための手段を発明する。そしてそれがフィクションという方法にほかなりません。

想像的な人格、すなわちフィクションにもとづく社会的な存在という観念は、言語をめぐる中世の一大論争以来、西洋を領した実証主義的な伝統によって「愚かしく夢想的な誤謬」[†1]であるとみなされてきました（ラテン語で引用すれば « error ridiculosus et fantasticus » となります）。けれども、社会とは話すものなのです。それは、生と死、みずからの起源と運命を引き受けるべく話す。個人と同じ方法によって、社会はみずから内なる物語を作り出します。たとえば西洋には西洋の物語があります。それはキリスト教というトーテム

---

†1　この表現はオッカムに由来する。以下を参照。Georges de Lagarde, *La Naissance de l'esprit laïque au déclin du Moyen Âge*, t. V, Paris-Louvain, Nauwelaerts, 1963, p. 38, n. 40.

的な物語であり、そこにあとから次々と新しい要素を加えていったのです。

そうしますと次のことがわかってくる。社会が存在するということが認知されるとすれば、それは、社会が系譜的な言説として構成され、今日では近代国家を介して、親子関係の諸主体を生み出しているというその点においてなのです。この親子関係は神話的なものであり、また法的に組織されています。このような主体を、わたしは「〈テクスト〉の子ども」[†1]と呼びました。ここでその詳細に立ち入ることはしません。この講演を終えるために、人間社会の制度的な作用の本質となるものを指摘するにとどめたいと思います。この次元は今日では見損なわれていますが、そこには主体の論理、話す動物を支えている論理が転置された形で見出されます。

あらゆる社会はふたつの場面を組み合わせたものとしてあります。わたしが指摘したことですが、このふたつは一体になっています。[†2]一方には美的な表現、神話体系、儀礼、つまりは文化が言説化する、暗くて形の定かならぬものがあります。それは夢とファンタスムの等価物です。これを、社会性のファンタジー的な場面、あるいはイメージの社会的支配と呼ぶことにしましょう。

他方に、あえていえば社会の身体性というものがあります。つまり、計測可能な実証性や経営管理的な法制度、技術の物質化された現れに属する諸関係の場面のことです。これらふたつの場面を両立させること、それが制定する権力の媒介的な機能であるわけです。なるほど、この権力は今日ではさまざまな形を取っていますが、いつの時代にもあれ、〈鏡〉の問題系へとわれわれを送り返す構造的な位置の機能が問題となることには変わりありません。

　こうした問いについては、次回の講演で別の角度から論じてみることにしましょう。

---

†1　次の著作を参照。Pierre Legendre, *Leçons VI. Les Enfants du Texte. Sur la fonction parentale des États*, Paris, Fayard, 1992.

†2　以下を参照。Pierre Legendre, *De la Société comme Texte*, *op. cit.*, p. 169-211.

第三講演　人間のドグマ的な次元についてのいくつかの考察

ドグマ的な次元とは人間に固有の組織化の水準である

A　主体のドグマ的空間

B　文化とは何か

三項論理の効果としての制度的現象

註記

この講演の導入として、ルイス・キャロルの有名な『鏡の国のアリス』（原題は『鏡の向こう側と、そこでアリスが見たもの』です）の結末に置かれた詩の最後の一行を読んでみようと思います。

これがその一行です。「生きるとは、夢でなくして何だろう（Life, what is but a dream ?）」。今回の講演でお話ししようと思っているのは、この「向こう側」というものに対するわれわれの関係です。

人間にとって生とは何なのか。現実に対する人間の紐帯はどのように構築されるのか。そして、言葉による宇宙の構築ということを考えるとき、世界の現前と、その世界における人間の現前とは何なのか。

　ドグマ的な次元、それはフィクションによって支えられた明証性の次元、ひとがそれを真実と認めるにあたって、いかなる証拠も必要としないほど強力な明証性の次元です。これからお話しするのは、そのような構築された明証性のシステムの練り上げと機能についてです。それが文化と呼ばれているものですね。

　個々の主体それぞれが、それは真実だと知っているような明証性。〈鏡〉を見ると、ひとは自分の姿を認めるし、夢を見ると、それは自分が見ている夢なのだと思う。そういう明証性があります。それと同じように、今日でも生き延びている大いなる儀礼的な伝統のレヴェルでいえば、おのおのの主体は、自分が人間のイメージ、自己のイメージを、いかなる〈テクスト〉、いかなる〈鏡〉のうちに見出しているか、ということを知っています。聖書や『ラーマーヤナ』、クルアーン、法華経などの儀礼的な読み上げのことを考えてみましょう。それらはドグマ性が発現する典型的なありかたです。

「ドグマ性」という用語は、実に多様で相互に結びついた問題構成をカヴァーすることができます。けれども、それはまた、西洋と西洋のあいだの相剋を過剰なまでに背負い込んでいます。この相剋は宗教的でもあれば政治的でもあって、諸科学の歴史と近代の歴史を決定してきたものです。先に進む前に、「ドグマ性」という概念そのものを明らかにしておかなければならないでしょう。この概念は深い誤解に曝されていますが、きわめて重要なものなのです。

「ドグマ性」という概念は、文学、哲学、政治にまつわるギリシア的な伝統にわれわれを送り返します。「ドグマ」という言葉はそこでは、夢や幻視の物語、あるいは臆見といったものを指していたのですが、同時に決定とか投票という意味もありました。

そこにはまた「ドクサ」に近い意味もあります。これもまたギリシア語であるわけですが、「ドクサ」というのは、公理や原理を指すと同時に、扮飾とか装飾ということも意味していました。

さて、ここで理解しておかなければならないのは、このように豊かで興味深い概念、人類学的な考察にふさわしい概念が、どうして追放されてしまったのかということです。西洋的思考の展開という観点からするとき、この用語の追放にどのような意味を見出すべきなのでしょうか。回り道をしてこの点を押さえておくことによって、「ドグマ性」という概念を、安定した土台のうえで、正確な与件にもとづいて論じることが可能になるでしょう。それによって、われわれはまた新たな問いかけへと導かれてゆくはずです。

まずは現今の近代性を特徴づけているひとつの事実を確認しておきましょう。「ドグマ性」という用語は、議論の余地のない伝統の厳格さ、そして、しかたなくその支配にしたがう、つまりは他律性を甘受する人びとの受動性といったことと結びつけられました。そんなふうにドグマとは、思考の自由や自律性、信仰や行動に関する個人主義的な選択の自由に対立する明証性をもった真理だとみなされてきたわけです。そのために、「ドグマ的」ということは、一九五〇年代以来、「全体主義的」ということの同義語になってきました。

この点を確認したうえで、歴史的な連鎖を順にさかのぼってみましょう。「ドグマ性」には長い過去があるのです。この概念には、表象をめぐるひとつの戦争が、知の領域における正統性をめぐってキリスト教が激しく進めてきた抗争が集約されています。しかしながら、この問題は、キリスト教だけでなくあらゆる文化にとっても解決しなければならないものです。すなわち、生の起源、時間、そして因果性といったものを問うためにはどうしたらよいのか、どのような道のりをたどるのが正統なのか、言い換えれば、いかにして〈理性〉というもの、世界の系譜的な秩序立てにアプローチすればよいのか、つまるところ、人間の組立て（個人と社会の組立て）をどのように理解すればよいのか、といった問題です。

まさにこのような領域で、「ドグマ性」という概念のたどった歴史は、西洋的な思考が自己自身との鍔迫り合いのうちに囚われていることを示してくれます。それは実のところ、他の文化にとっては縁のないジレンマなのですが、われわれ西洋人は、西洋こそは透明であるという主張と裏腹に、本当にはそこから抜け出ていません。

そこで問題となっていること、その争点とはつまるところ何なのでしょう。

一八世紀にいたるまで「ドグマ性」という単語は、医学、自然科学、法学をひとつのまとまりとして構造化する知の秩序を形容するために用いられていました。このまとまりを基礎づけていたのは、「自然、それは神である（Natura, id est Deus）」という中世の表現が示している考え方であり、とどのつまりは、この〈自然〉によって、神――キリスト教の神ですが――が確立し、保証しているもろもろの法が表明されているのだという考え方です。

啓蒙哲学が到来し、さらに一九世紀に入ると、反ドグマという態度が、キリスト教的な知の秩序に対抗して形成されるようになります。ドグマ的な態度に対して、科学的な態度が対置されるわけです。科学は〈自然〉とその法則を検討するにさいして、ア・プリオリを想定しない、つまりは伝統的な神の保証を想定しません。そこで唯一の基準となるのは実験による確認であり、その基礎となるのが計測可能なもの、そしてその確実性です。ここに西洋に典型的なジレンマがあるのです。すなわち、〈神〉か〈科学〉か、〈信仰〉か〈理性〉か、というわけですね。

けれども、それがすべてではありません。というのも、計測可能なものにもとづく確認という基準が勝利したことは、西洋が構造を扱うやりかたを深いところで変質させるものだからです。もっとはっきりいえば、話す動物を構成する分割の扱いが影響を受けたのです。西洋の伝統においてそれは、文化の作業によって表現されてきました。ギリシア人が「ソーマ」（つまり身体）、「プシケー」（つまり魂、精神、心）とそれぞれ呼んだものの区別をめぐって展開された作業のことです。

そして、そこに西洋的な思考の不具合や閉塞が現れてきます。なるほど人間的な事象が計測可能なもののうちにあり、それゆえに身体も当然のことながら計測可能なもののうちにあるのだとして、しかし、魂、精神、心もやはり計測可能ものとしてあるのでしょうか。

もう少し踏み込んでみましょう。魂や心が計測可能な基準に従属しているとするならば、魂と身体、プシケーとソーマの分割を支えているメタファー的な言説にはもはや何の意味もないということになります。そしてその論理的帰結として、分割という概念――言語による人間の分割――は崩れ落ちてしまうでしょう。そうすると、話す動物という表現そのものの前提になっている組立ての観念がお払い箱になってしまうのですね。もはや個人はひとまとまりのブロックでしかないんだ、分割できないブロック、分割を含まない存在なんだということになってしまいます（分割を含まないということ、それは伝統的に神に帰された性質です。神は分割不可能なものであるわけです）。

以上の点を確認してみると、次のふたつの指摘に導かれます。それが、ここからの考察を方向づけてくれるでしょう。

第一の指摘。西洋の文化は、ある不具合を生きており、またそれを鼓吹している。この不具合は今日では歴史的な堆積のうちに抑圧されていますが、理解されていないからこそ、なおも作用しつづけているのです。このことは人間科学の名のもとでの言説の変化、そしてフロイトと精神分析がもたらした突破口にもかかわらず変わっていません。われわれはいまなお、ドグマに対する科学という対立図式から抜け出していないのです。その結果として、心身の関係――この二項の関係はことばによって支えられています――が理解されなくなっている。言い換えれば、人間的な組立ての論理の総体が抜け落ちてしまっているのです。

第二の指摘。そこから、法の観念をめぐる混乱が生じてきます。人間にとって法をなすものとは何でしょうか。脳に関する生物学でしょうか。それとも、脳に関する生物学と、われわれの種において生と生の再生産という現象を支えている言語的な構造の両方でしょうか。

言い換えれば、西洋にとって、規範的なものはどこにあるのでしょうか。今日にあってその答えは、精神の荒廃、そして主体と社会の解体という現象のうちにある。そうした解体は、組立ての脱構造化や、大衆の脱制度化によって惹起されたものです。

こうして、ふたつの考察の軸が見えてきます。

まずはドグマ的な次元というものを再検討してみること、つまり、それを人間に固有の組織化の水準として考えてみること。

そして、ドグマ性の論理をもとに、規範的なものをめぐる問題構成を論じ直してみること。規範的なものは、制度的現象を通じて社会のうちに発現しています。

ドグマ的な次元とは人間に固有の組織化の水準である

ここで検討するのは、計測可能なものをめぐる諸科学がアプローチすることも理解することもできない人間の組織化の水準です。そうした科学は、さきほど大雑把に描いたような歴史的過程を経て、真ということをめぐるひとつのシステムを支えるにいたりました。この新しい明証性のシステムを「近代イデオロギー」と呼ぶことができるでしょう。このイデオロギーは、言語作用を情報の伝達手段へと切り詰めてしまいました。言語は、自由に思考し、自身に対して透明であるような個人間のコミュニケーションの道具にすぎないとされたのです。そして、その個人は、自分が何をいっているのか知っているし、どんな伝統からも解放されて、自分にまつわるさまざまな紐帯からも自由になったうえで、社会や文化や世界に、つまりはあらゆる形の権力と限界の発現に向き合っているというのです。

ドグマ的な次元は衝突を持ち込みます。自分自身に対する個人の関係の中心に無理解を、対話者同士の関係に不調和を持ち込みます。つまり、人間的な紐帯は、自由に処分することなどできない論理に従属しているという根本的な考え方が導入されるわけです。

こうした観点からすると、ドグマ性という概念は、西洋文化の幾多の偶発的事件、その歴史の有為転変を超えたものとしてあることになります。この用語には意味論的に豊かな含意がありますが——改めて指摘しておけば、夢と幻視、臆見にして決定、公理にして装飾といったように——、この綜合的な用語を用いることによって、あらゆる文化に関連する組織化の水準を把握し、それを検討することができるようになります。あらゆる文化は同じ構造的な与件に直面しています。それが、人間を組織するということです。

そこで、まずは人間というものを、個別的な人間として、主体として、あるがままの話す動物として捉えてみましょう。ついで社会的な平面、すなわち文化というものがあります。すなわち、これまでの講演と同様、ここでもまたフロイトの言葉を念頭に置きたいと思います。「文化の展開は、個人の展開と相似しており、それと同じ方法によって働く」というものです。そのようなわけで、これから主体の平面と文化の平面というふたつの平面を検討してゆきたいと思います。

A　主体のドグマ的空間

まず、ドグマ的な次元を、人間にとって構成的な現象であると考えてみることができます。そのために、文学の宇宙のうちに浸ってみたいと思います。それは言葉の宇宙であって、そこで、もっとも才能のある芸術家たちは、われわれ理論家が「構造」を論じるときに問題となるものの根底を明らかにしてくれるのです。ただし、その方法は謎めいたもので、かれら自身にはわからないし、また、われわれ理論家にとっても一見したところでは把握しがたいものであるわけです。

ここでは簡単に、ルイス・キャロルの『鏡の向こう側』というタイトルのことを改めて思い起こしましょう。キャロルはそれを「鏡の家」とも呼びました。ランボーには「わたしは一個の他者である」という挑発的な表現があります。そして、三島由紀夫の『仮面の告白』という狂おしいタイトルのことも挙げておきましょう。

ここで芸術家たちの表現を介して提起されているのは、主体の空間という概念です。それはイメージとことばの空間であって、身体、身体的なものの秩序には属さない何か、けれどもその秩序を前提とする何かがそこで組織されるのです。この何かは内なる劇場に由来しています。換言すれば、それは人間に対して内なる場所として現れるもの、そこで自己と自己の関係、つまりアイデンティティと呼ばれているものが構築される場所であるわけです。

けれども、そこにひとつの論理があることを見定めるためにはどうすればよいのでしょうか。この論理は、さまざまな機能を担い、生物学的なものとは違う次元で――とはいえそれを内包しながら――話す動物に対して作用します。そして、固有の資格において、まさに種における生の条件を司ってもいます。そうした論理のありようを見定めるにはどうすればよいのか。

そのためのもっとも確かな道をこれからたどることにしましょう。もっとも確かであるというのは、それが舞台裏、つまりは無意識にもっとも近い道だからです。それは、芸術の道、ここでは詩と神話の道です。西洋におけるきわめて名高い物語、ナルシスの神話を援用しましょう。それは一世紀前後に活躍したラテン詩人オウィディウスの『変身物語』のなかで語られているものです[†1]。この神話は典型としての価値をもっていて、ドグマ的論理の根本にある要素を把握させてくれます。

ナルシスは若い男性です。理想的な美貌をそなえ、森で狩りをして暮らしています。あるとき、疲れたかれは喉の乾きを癒そうと泉に身を屈めます。

すると水面に自分自身のイメージが現れ、かれはうっとりしてしまいます。それが自分だということがわからないのですね。それを詩人は次のように述べています。「眼前の像と姿に心を鷲掴みにされ、かれは身体をもたぬ幻影の虜となる。ただの水を身体であると思い込み［…］、自分自身を欲望し［…］、おのれを欺く泉にあだな口づけを繰り返す」。

　明晰さを取り戻すその刹那には、ナルシスもこのイメージが自分のものであることを理解して次のように叫びます。「それ、わたしはそれだ」、と。けれども、狂気が再びかれをとらえてしまう。かれはこの不可能な愛のために死ぬのです。そして死者の国にたどりついてなお、ナルシスは地獄の河スティクスの水面に浮かぶ自分の姿を見つめつづけるのです。


　このナルシスの神話を通じて、われわれは生と表象の絡み合う襞のうちに分け入ることになります。そしてついには人間の内面の物語の隠された側面と出会うことになる。われわれはそれに意識的にアクセスすることはできません。それは無意識なのであって、そこでは現実も〈鏡〉も幻想的なものの水準にあるからです。

　オウィディウスの詩は、若き美男子ナルシスがもがく、狂気の宇宙を露わにしています。それは、没理性の宇宙であるわけです。そこでは、自己と世界に対する人間主体の関

†1　『変身物語』第三巻。

係、〈鏡〉の論理、鏡像的な論理がうまく作用していないのですね。アイデンティティの紐帯、そしてあらゆる紐帯をめぐる問題系の根がそこにある。つまり、人間的な思考を反射性というメカニズムにしたがって構築するということの根があるわけです。こうした見取りにおいて、ルイス・キャロルの物語におけるように、〈鏡〉は変容します。それはメタファーとなって、反射性の論理がどのようにして構成されているのかを教えてくれるのです。

以下では、この論理の本質的な要素を押さえ、そこから一般的な命題を引き出してみましょう。

a　出発点となるのは次のことです。ナルシスは自己のイメージを見誤り、それに出口なき忘我の愛を捧げました。このイメージは、かれにとっては外部の他者として現れています。それは別の若い男性であって、かれではないということですね。いってみれば、この神話物語においては、分割する審級としての〈鏡〉は存在しないということになる。

そのうえで、この神話は、鏡像の問題をめぐる三つの要素をもたらしてくれます。それを出発点にして、〈理性〉へ向けて人間が歩むためには何が重要であるのかを明らかにすることができるでしょう。

　その要素とは次のものです。まずは主体、それと主体を分割する〈鏡〉、それに、この主体に送り返され、主体がそこに自分自身を認めるイメージ。この三つの要素は言語の作用という人間的領域に属しています。

　このパラダイムあるいはモデルにおいて現れてくるのがドグマ的な次元、つまりフィクションによって支えられた明証性の次元です（これについては講演の冒頭でお話ししました）。鏡像性（改めて注意を喚起しておきますと、この « spécularité » という言葉はラテン語で「鏡」を意味する « speculum » から形成されています）――あえていうなら〈鏡〉の支配――は、主体がその真理に同意するにあたっていかなる証拠も必要としないイメージの明証性を通して、ドグマ的な関係を浮き彫りにしています。かつてわたしはこのことを要約して次のように述べました。「イメージ、それはドグマである」[†1]、と。

　このパラダイムを掘り下げてみましょう。実のところ、イメージの明証性は、組立てと

---

†1　Pierre Legendre, *Leçons III. Dieu au miroir. Étude sur l'institution des images*, Paris, Fayard, 1993, p. 138.

いうものを隠しています。いわばそれに覆いをかけて包んでしまうのです。ルイス・キャロルが作品のなかで「鏡の家（Looking-Glass House）」と呼んだのは、その組立て、つまりフィクションとそのダイナミズムの全体に開かれた場所のことです。

ここで「フィクション」とは、「フィクションへ開かれている」とは何を意味しているのか。それはまず、〈鏡〉、そしてイメージとの関係が言語の働きと不可分であることを意味しています。幼児がこのような関係に参入してゆくという事実は、人間が単に進化した猿ではないことをよく表している。猿にとって〈鏡〉は死んだ物体ですが、幼児にとってはちがいます。〈鏡〉は、言語記号と同じように、ひとつのフィクションとして物理的な対象の彼岸を構成する。だからこそ子どもにとって、〈鏡〉は、大人たちの眼差しとことばを準拠としてはじめて作用するのです。大人たちの眼差しやことばが、第三項として、子どもを自己とイメージの分割、この分離（それは言葉のスクリーンがわれわれを物の現実から分離するのと同じことです）のうちに参入させるのです。大人は、子どもが鏡に映った自分のイメージ、ひとつの名前によって指し示されたこのフィクション的な他者が自分自身なのだということを認知できるように導くのですね。

「フィクションへ開かれている」とはまた、主体にとっての他者が、この主体のイメージに尽きるものではないことを意味しています。〈鏡〉の場所、このすぐれて三項的な場所（ナルシスの狂気にはそれが欠けていたわけです）は、ひとつの論理的な通路であり、その構造化の働きによって、子どもは自己自身のイメージとは別の水準の他性、つまり、自分に語りかけてくる大人たちの他性と、世界の他性とを発見するように導かれるのです。

b　さて、以上のことから一般的な命題を引き出してみましょう。人間は「鏡の家」に住んでいる。あるいは聖書にある表現を借りるなら「人間はイメージのうちを歩んで」[†1]いる。このことは人間の組立てを構成するイメージと言説による嵌め込みのすべて、つまり、第三の要素を介した関係という普遍的な構造にもあてはまります。それゆえに、ドグマ的構造を定礎する鏡像論理は三項論理であるといわなければならないのです。

この「三項的」という考え方、〈第三項〉という概念については次の三点の指摘をしておくだけにしましょう。

第一の指摘。わたしがいま論じてきたことは、舞台的な発現（あるいは組織化）である

---

†1　「詩篇」三八‐七（新共同訳では三九‐七）。ラテン語原文は以下のとおり。« Quamquam in imagine ambulato homo ». 上記邦訳では「ああ、人はただ影のように移ろうもの」。ルジャンドルの解釈はアウグスティヌス『三位一体論』一四・四・六を参照している。

と考えることができます。それによってわれわれは、人間精神の劇的な構造とでも呼びうるものを考察するよう誘われることになります。劇的というのは、この « dramatique » という単語の語源的な意味において、つまり「劇の筋」という意味で理解してください。人間が生きるということは、イメージと言葉による自己と世界の存在の演劇化に関係しているわけです。

第二の指摘。鏡像的パラダイム、すなわち三つの要素をもつ組立てのうちで、〈鏡〉はひとつの審級の場、言い換えれば、組立ての総体を構造化する論理的な位置として定義することができます。というのも、主体の眼差しとそのイメージとは、あえていえば、この論理的な位置に従属しているからです。〈鏡〉とは、主体が勝手に処分することのできない位置のメタファーなのです。

最後の指摘。〈第三項〉の場、つまりドグマ的な明証性を定礎するこの位置は権力の場です。一三世紀アラブ世界の哲学者イブン・アラビは、このことを実に簡潔に言い表しています。「君は鏡のおかげで君自身の形を見るのだ」[†1]、と。ドグマ的な明証性を定礎する権力、それは表象つまりイメージに働きかける権力です。文化のレヴェルにおいて、このイメージに対する権力を行使する者は人間を思いのままに操ることになります。

さて、ここからは文化という問いへ入ってゆきましょう。人間のドグマ的な組成という観点からするとき、文化とはいったい何なのでしょう。

B　文化とは何か

文化とは鏡像的な決定論を表現するものです。それは社会的な〈鏡〉、つまりわたしが定礎する〈準拠〉と呼ぶものを構築しています。

この決定論を、われわれは主体のドグマ的空間を考察することによって発見したのですが、ここで問題となるのは、主体を超えるようなドグマ的空間です。「社会は、個人と同じ方法によって働く」。だから、文化もまた同じく三項論理を作動させるのです。

そこで、〈鏡〉のメタファーをベースにして、アイデンティティの関係がどのような課題と手続きをもっているのかを見定めてみましょう。〈鏡〉という媒介は、ここでは個人

†1　以下を参照。Eva de Vitray-Meyerovitch, *Anthologie du Soufisme*, Paris, Sindbad, 1978, p. 290-291.

の一生を流れる時間ではなくて、歴史的な時間のレヴェルで機能しています。そこにあるのは、人間が世代を超えて共有しているもの（そして人間を他の動物から区別するもの）、つまりことばの継承、表象の生です。それは三項論理に服する、つまり定礎する〈準拠〉の要求に服することによって組織されているのです。

文化を差異化し、そのアイデンティティとなる〈準拠〉。その事例を思い浮かべてみましょう。たとえば日本や中国はさまざまな強力な言説を組立てて、それによって自己を見定めてきました。別の地域ではクルアーン、そしてヨーロッパでは聖書とローマ法に由来するテクストのシステム、アフリカにおいてはトーテムの練り上げがそれにあたります。

ここで、〈準拠〉が属している三項論理を土台にして、それぞれの文化のアイデンティティを構成する主たる要素が何であるかを検討しておきましょう。

第一の構成要素、それは演劇性、つまり世界と世界における人間との演出ということです。ここで問題となっていることの重要性を把握するためには、〈鏡〉が主体に対してそのイメージを呈示するということを思い起こしておかなければなりません。鏡は主体に対して、主体がそこに自分自身を見定めるような真理を見せるわけです。この点を強調しておきましょう。〈鏡〉は呈示する。つまり、見せるという機能をもっています。

このことを文化のレヴェルに移し替えてみると、文化はたしかに呈示するものだということがわかります。文化は世界と世界のなかの人間とを見せるのです。そしてその手段となるのが神話的ないし宗教的な言説、そして今日では科学を基調とした言説です。

したがって、文化とは世界を呈示するものである。それは〈鏡〉が主体に対してそのイメージを見せ、呈示するのと同じです。カントには「呈示 (Darstellung)」という概念がありますが、この言葉には「示す」とか「露わにする」といった含意――ラテン語の « exhibitio » の強い意味――があって、「演出された世界を見る」ということをよく示しています。

このことが意味しているのは、文化とは根底において、世界の真理を映し出す〈鏡〉というフィクションであるということです。そしてこの媒介を通して、今度は文化に属する主体が、この大文字の〈イメージ〉を見つめるのだということです。主体はこの世界の真理をみずからのうちに取り込み、自分のものとし、そこに自分を認める。こうした問題について中世の哲学はわれわれよりも炯眼でしたから、「世界のイメージ (Imago mundi)」――当時それを練り上げていたのはキリスト教神学です――に対する人間の紐帯というものを論じていました。

そこに含まれる帰結を引き出してみましょう。〈マネージメント〉が全般化し、かつ世界化して、いまやそれが〈準拠〉の言説へとみずからを統合している時代です。そうした〈マネージメント〉の支配の時代にあって、近代性のドグマ的な次元はどのようになっているのか。そして、もっとも具体的にいって、それはどのように発現しているのか。こうしたことを理解しようと思うならば、この産業化された世界のうちにあって、《**Imago mundi**》、つまり世界のイメージと人間のイメージが、どのような新しい形式のもとで製造されているのかを考察することが必要です。つまり、現代文化におけるアイデンティティの手続きがどのような新しい内容をともなっているのかを考察しなければなりません。

広告産業の組立てが発揮している商業的な効力、テレビの力、あるいは政治的なマーケティング。こうしたものを支えているのは〈鏡〉の論理です。そして、過去の諸文化が練り上げた定礎する〈準拠〉への忠誠という古典的なシステムを支えていたのもまた、この同じ論理なのです。

第二の構成要素、それは言説の構造的秩序です。〈鏡〉の位置を出発点にしてみましょう。それはまた所与の文化にとっての定礎する〈準拠〉の位置でもあります。この位置を主体が自由に処分することはできません。わたしはかつてそれを「眩惑の場所」と呼んだことがありますが、[†1]この位置は絶対的なものであって（「絶対的」というのは、文字通りには、結びを解かれ、自由にされ、あらゆる債権や負債から解き放たれていることを意味します）、至高の場所であるわけです。

　この位置、それは〈紋章《エンブレム》〉の位置です。どういうことでしょうか。〈紋章〉というのはギリシア語で「嵌め込み」を意味する言葉に由来しています。譬喩的にいえば、ある〈紋章〉は人間のうちにひとつの記号を嵌め込むのです。もっと正確にいうなら、〈紋章〉とは人間に、自分を超え、自分を統治する何か、けれども自分がそれと関係しているような何かがある、ということを思い起こさせる記号を嵌め込むのです。

　具体的には、旗やブランド・マーク、標語やスローガンといったものが〈紋章〉だということができます。別の水準でいえば、大いなる伝統的なテクストは〈紋章〉として機能しています。聖書やクルアーンといったものがそうです。

---

†1　Pierre Legendre, *De la Société comme Texte*, *op. cit.*, p. 123 *sq.*

さらに踏み込んでみましょう。古典的な君主、しかしまた近代の国家元首も生きた〈紋章〉であるわけです。教皇、イギリスの国王ないし女王、フランス共和国大統領などがそうですが、これらの〈紋章〉の諸形態すべてに共通しているのは何でしょうか。

こうした形態はすべて、そこにはない何かを受託し、表象しています。そういってよければ、権力の不可視の根底である不在を表象しているのです。

教皇はキリスト教の神なるものを受託している。けれども、誰もそれを見ることはできません。それはただの名詞だからです。イギリスの国王ないし女王はイギリス王国なるものを受託している。けれども、誰もそれを見ることはできません。それはただの名詞だからです。国王が戴く冠は、神の手のうちにある不可視の〈冠〉の仮象としての徴にすぎない。フランス共和国大統領は共和国なるものを受託している。けれども、誰もそれを見ることはできません。それはただの名詞だからです。これらすべての名詞は文化を支えている言語的な構築という性質を帯びています。そして教皇、国王や女王、大統領は、そうした名詞を受託し、その生きた〈紋章〉となっているのです。

以上の所見はわれわれをどこに導くのでしょうか。

それは、以下のことを把握させてくれます。定礎する〈準拠〉の働き、つまり神話的な語り、宗教的な語り、今日であれば科学的な語り、そしてまたこれらを支える〈紋章〉と儀礼、そうしたものの働きの一切は、〈鏡〉という場面の終わりなき再編を本質としているということです。

ですから、鏡像的な資材について改めて強調しておくことにしましょう。それは、主体と文化の双方にとって、アイデンティティが形成されるための同じ資材となります。このような展望からしますと、〈鏡〉は論理的な位置を占めていることになります。象徴的な〈第三項〉の位置ということですね。正統性の言説の嵌め込みは、そこに準拠しながら、実際の主観的な経験というレヴェルにあって、主体をそれ自身から分離する隔たりのうちに介入してくるわけです。そして、この言説によって、自己のイメージの真理性への信が定礎されます。

言説の構造的秩序、つまり社会のドグマ的な次元はそこに依拠しています。文化における〈鏡〉の場面を活用するということ、それが意味しているのは、定礎する〈準拠〉という複雑な編制は、民主的であるか否かを問わず（その差異はここでは問題になりません）、あらゆる社会にあって、イメージに対する信を基盤として社会的な統治を作り出すことを目的とし、また論理的な決定要因としているということです。

したがって、定礎する〈準拠〉とはひとつの機能なのです。この機能の有効性は鏡像的な〈第三項〉の位置という、すぐれて紋章的な位置に由来しています。

日本の記憶を援用してみましょう。つまり伊勢神宮にある神道の鏡の例です。[*1] それは、文化における言説のドグマ的な秩序の何たるかを実に的確に例証しています。〈準拠〉の言説の真理性は、言説の内容にではなくて、この言説が発せられる位置に由来しているのです。

さて、〈準拠〉の構成要素として最後に挙げておくべきは、そのドグマ的な明証性です。ここで問題となるのは、明証性を定礎するフィクションの権力です。この権力は本質的に絶対主義的なものですが、われわれは産業的文化におけるその重要性と根源性を見誤っています。近代西洋の中心にある事例をひとつだけ挙げて論証としましょう。それは国家による司法的な実践のことです。

ヨーロッパは裁き手としての国家という組立てを発明しました。国家は判決を下します。その媒介となるのは階層化された法廷であり、その頂点に単独ないし複数の最高裁があります。法廷が判決を下し、控訴期限が切れ、もはやその判決が異義を受けることがなくなったとき、あるいは最高裁が決定を下したとき、それを指して「判決は既判事項としての権威をもつ」といいます。これは定型的な表現です。この判決は決定的であって、異義は立てられないのです。

ローマ法に由来する厳密な表現は同じことを次のように述べていました。「既判事項は真理の位置を占める[†2]（res judicata pro veritate habetur）」。この真理は判決の内容によってではなく、言説が発せられた場所によって定礎されるのです（神道の鏡についてさきほど指摘したのと同じ事態がここにあります）。実効性を最高度に発揮している近代のうちにあっても、ドグマ的な明証性はやはり機能しているということがいえます。

けれども、探求をさらに進めてみると、近代国家の司法的な実践にまでいたりついた定礎する〈準拠〉の相次ぐ組立ての背後には、現今の社会科学が考えもしないような神話的な練り上げがあることが明らかになってきます。この神話的な練り上げとは、近代の政治的構成のうちに転置された全知の神の演出です。この演出は、長い年月のあいだにそれと

＊1　伝承によれば、この鏡は皇室の祖として祀られている天照大神を象徴的に表している。普段は、この鏡は大社の中心に秘蔵されているが、二〇年に一度の遷宮にあわせて交換され、旧いものは所蔵品として一般に公開される。

†2　この表現の由来は『学説彙纂』五〇・一七・二〇七。

見分けがたいものとなりました。全知の神はローマ皇帝、さらには教皇という地位に転置され、やがて世俗化した非宗教的な近代国家へと移されたわけです。

ローマ世界には、生きた〈紋章〉としての皇帝についての次のような表現があります。「かれはその胸の文書庫のうちにすべての法をもっている[†1] (**Omnia jura habet in scrinio pectoris sui**)」というのです。今日では、こうした表現はすたれています。それは、われわれの歴史的な地質の下層に抑圧されている。けれども、民主制の時代になっても、「真理を告げる口」というフィクション――それが裁き手としての国家というドグマ的な組立てです――は、新しい形で、その社会的な実効性を証明しつづけているわけです。

以上のすべては、三項論理に錨を下ろした制度的構築の広大な地平を明らかにしています。

三項論理の効果としての制度的現象

ドグマ的な次元を勘案すると、「社会」という曖昧であやふやになった用語で呼ばれているものについてのアプローチの仕方が変わってきます。いまや、西洋の歴史の有為転変を超える一般的な視点から、この講演の冒頭でわたしが提起した問い、つまり「規範的なものはどこにあるのか」という問いに答えることができるようになります。

規範的なもの、それはわたしが〈鏡〉のメタファーと定礎する〈準拠〉を考察しながら描き出した構造というものの効果なのです。言い換えれば、規範的なものとは、個人の生を支え、またあらゆる社会の生を支えている三項論理の効果のことである。そして、この規範性は人間に特有の発明のうちに具体的に現れてきます。「人間に特有」というのは、それがことばに結びついているからですが、この発明こそが制度的現象なんですね。こうした光に照らしてみると、今度は制度的な決定論というものを論じることができるようになります。

「制定／制度」あるいは「制度的」とは何を意味しているのか。「制定(institution)」という用語はローマ法によって西洋に伝えられました。語源的にはそれは、立たせておくこと、しっかり支えること、確立すること、定礎することを意味しています。これと同じ意味論

†1　この表現の源は『勅法彙纂』六・二三・一九。

的な系列のなかに、よく知られたラテン語の《status》（「身分」とか「資格」を意味します）という言葉がありますが、これがやがて、西欧の言語のうちで「国家」を意味する単語になってゆくのです（《State》（英）、《Staat》（独）、《Stato》（伊）、《Estado》（西）、フランス語では《Etat》というように）。

この語は、それがテクノクラート的な意味をもつようになる以前は、中世哲学によって多くの研究の対象となっていました。そこで《status》という語は、人体の直立姿勢と結びつけられていたのです。ひとは立っていることも座っていることも、また寝そべることもできるわけですが、垂直でいるときこそが自然にかなっているのであって、頭が上にあり、足が地面に着いているというのですね。

こうした素朴な物言いは今日ではなされないわけですが、詮じ詰めていえば、そこには国家を演出し、結果として規範的なシステムの全体を、生きたメタファーとして演出するという利点があったのです。さきほど〈紋章〉の問題に触れておきましたから、このことはよくおわかりになるでしょう。国家についての自然主義的な考え方——それは巨人という〈紋章〉的な形象であって、一七世紀のホッブスは、聖書からリヴァイアサンという怪物のメタファーを借用しつつ、これを理論化したわけです——というのは、アフリカ社会において規範的秩序を司っているトーテムと厳密に同じものであるわけです。

以上のことは重要なことがらを教えてくれます。技術、科学、そして経済に支配された今日の国家理解は、近代社会といえどもまずもって三項論理に服しているのだということ、そして、この社会がいわゆる「原始社会」や「発展途上」にある社会と同じように、普遍的な問いに直面しているのだということを忘れさせてしまいました。話す動物にとって法をなすものとは何か、何が人間という動物を立たせるのかという問いが忘れられたわけです。だからこそわたしは、自分の著作において「近代国家のトーテム機能」なるものを論じているのです。西洋が法的な手続きを通じて輸出した近代諸国家もまた、こうした問いを担うことを強いられています。西洋であろうと非西洋であろうと、法律家がこうした構造的な機能を意識していないとしても、ただひとつの同じ論理が作動しているという事実に変わりはありません。

では、この講演を締め括るにあたって、ドグマ的な次元を考慮することが、こうした問題を考えるにあたって何をもたらしてくれるのかを手短に指摘しておきたいと思います。

第一の指摘。人間のドグマ的な次元を確認することは、われわれの種における生の前提に「生を制定する」という機能があることを確認することです。規範的なものは、さきほどまでに記述してきた三つの要素をそなえた構造の直接の帰結です。それが意味しているのは、制度には人類学的な機能があるということ、すなわち、権力の位置を出発点としながら人間の組立てを構造化するという機能があるということです。

制度は関係の法を作用させ、話す動物を構成する分割を取り扱います。そこで課題となるのは、あらゆる文化が取り組んでいるふたつの要素を、対立させたり混同したりすることなしに両立させるということです。西洋の場合は、それを、独自の組立てのヴァージョンによって、つまりは心身の分割というアプローチを介して表現してきました。換言すれば、〈第三項〉の位置――規則を据えるもの（英米法学の用語を借りれば「ルーラー」）としてのトーテムあるいは国家――が司る組立て、つまり規範的組立てにとっての論理的に最初の目的は、生物学的なものと表象の生との関係を固定し、支えるということなのです。

第二の指摘。生を制定するという機能は、今日では国家が行使している系譜的権力を通じて、文化における〈理性〉の課題を浮かび上がらせる現像液のようなものだといえます。「現像液」というのは写真用語から借りた化学的な譬喩ですが、それはどういう意味なのでしょうか。

ことばをそなえた種にとって、その再生産はアイデンティティの論理に従属しています。具体的にいえばそれは、制定された〈鏡〉が主体に対して呈示するイメージの作用に従属しているわけです。制定された〈鏡〉とは、子どもにとって家族における親がそうであるような生きた〈鏡〉のことであり、同時に、文化のレヴェルでいえば、母と父、そしてまた子（ローマ法の表現でいえば「両性の子」）の形象を描き出す〈準拠〉のことです。これらの形象が、神話的、宗教的、あるいはまた科学的な語りによって、そしてまた〈紋章〉と儀礼によって描き出されるわけです。

人類学的な用語でいうなら、こうしたイメージと言説の組立ては、性という問題の系譜的な演出を構成しているのだということができます。親族関係、婚姻関係、そして親子関係の法的な練り上げは、この演出に依拠しているのです。そこにあるのは、文化と家族による欲動の文明化であって、その筆頭にあるのが、西洋にあって異民族の制度性を研究している民族学者が盛んに論じている近親姦と殺人の禁止だということです。

こうしたことが〈理性〉という課題、〈理性〉か、はたまた〈狂気〉かという課題を浮かび上がらせる現像液だというのはなぜでしょうか。

それは、アイデンティティの問題、より根本的にいえば性と性差の問題は、表象の生のうちに浸されている、つまりは無意識に接続されているからです。無意識には時間も限界も無矛盾律もありません。そこにあるのは舞台裏、つまり夢の場面であり、ファンタスムの炉心、ひいては〈理性〉と〈狂気〉の不分明かつ相互に絡み合った諸源泉なのです。系譜をめぐる規範性、それはこうした〈理性〉の錯乱的な坩堝に向かい合う権力、イメージに対するわれわれの関係を文明化する権力のことなのです。

最後の指摘。個人主義的なイデオロギーは三項論理を転覆させるけれども、それを廃滅することはありません。

生を制定する権力が常軌を逸するとき、文化のうちで何が起きるのでしょうか。その権力が全体主義的であるにせよリベラルであるにせよ（その差異はここでは問題ではありません）、「すべてが可能である」というファンタスム——限界など存在しない、人間的な悲痛など存在しないというファンタスム——を事実として押し出す方向で制度性を取り扱うとき、文化のうちで何が起きるのでしょうか。そこで起きるのは、ナルシスの神話が詩的な言葉によって描き出していることです。つまり、ある意味で〈鏡〉が解体し、アイデンティティの構造が侵されるわけです。

二〇世紀において制度性がたどった経験が証しているのは、主体と同じように国家もまた狂うことがあるということです。そして、その土台となるのはいつでも系譜的な機能を転倒させ、それによって三項論理を転倒させるような言説です。

現在、個人主義というイデオロギーは、大衆規模に拡大したナルシシズムとして機能しています。映画作家ヴィム・ヴェンダースの表現を借りるなら、個人は「ミニ国家」となっている〔『ベルリン　天使の歌』〕。つまり、自分ひとりですべてであるような存在、〈鏡〉の論理から解放された神のような存在となっているのです。

そこから帰結するのは、主体と社会の大規模な崩壊という現象です。人間のドグマ的な次元という主題は、そうした現象について熟考するようにわれわれを誘っているのです。

生きた〈紋章〉という表現をめぐって、イギリスの王冠に言及した。今日でもなおそれは国家としてのイギリスを指し示すメタファーとして機能している。王冠という政治神学的な擬制は中世に練り上げられた。それはイギリスばかりではなく、国＝民という観念の構築に向かっていたヨーロッパ大陸の他の君主政体、とりわけフランスにとっても関係が深い（そもそもフランスの君主制は当時から非常に集権的なものであった）。

このドクトリンにはキリスト教ローマ帝国の法的言説の刻印がはっきりと押されている。それによれば、ローマの帝権は、神が皇帝に委託したものだということになる（つまりこれが統治権力の根拠となる）。中世の法学者たちはふたつの王冠という理論を構築した。ひとつは不可視の王冠で神の手のうちにある。もうひとつは「外なる」王冠であって、聖別式にさいして君主が儀礼的に受け取るものである。

国制を徴づけるこの刻印は、一個の巨大な教説体系のうちに位置づけることができる。この体系のうちには——まさしく近代国家制度の神話的な側面というべきであるが——

〈祖国〉というヨーロッパ的な概念があり、そこではさらに、〈祖国〉のため、〈王冠〉のために死んだ者に殉教者というステイタスが与えられることになる。こうした問題については、エルンスト・カントロヴィッチの綜合的な記述を参照されたい。*The King's Two Bodies. A Study in Mediaeval Political Theology*, Princeton University Press, 1957, p. 336-342 (trad. fr., Paris, Gallimard, 1989 ; rééd., *Œuvres*, « Quarto », 2000, p. 880-883)〔邦訳：エルンスト・カントロヴィッチ『王の二つの身体』小林公訳、ちくま学芸文庫、二〇〇三年〕。

光の射すところ　山口薫《花の像》について――人間と世界の対話的な関係

労苦に満ちたここまでの道の終わりにあって、距離の印象が生まれ、思いに沈む眼差しから光が射してくる。

本書に収められた講演のことを省みる折があった。それはひとつの思考の領野の標識を立てる作業であったわけだが、そこであまりに概略的に描き出された理論の系図は、聴衆や読者を唖然とさせ、その地平が見えなくなってしまうこともあったのではないかと思う。そこから次のような問いが浮かんできた。本質的なものについて喚起すべき本質とは何だろうか。こうした綜合の試みは最終的にはどこに通じているのか。

そうして、わたしは山口薫という画家のこと、かれの「独りの時間」という表現のことを考えた。この表現は、われわれ一人ひとりに、主体が孤独という条件のうちにあること、世界が謎めいた現前を見せることについて考えさせ、さらにいえば話す動物が実現した奇跡に思いを致させる。その奇跡とは、文化や文明と呼ばれている制定的な媒介のことだ。制定というのは、まさに正鵠を射た言葉であって、生き延びるということがわれわれの種にとって何であるのかを集約的に示している。

ひとりの芸術家が、その作品によって、こうした媒介に参加しているのだといえるとすれば、それはどうしてなのか。次のような理由があるからである。作品は、暗いものに鷲掴みにされ、自己を超え出て言説の継承のうちへ書き込まれ、人間的な発現の宇宙に参入して、そこで解釈者にして演者（interprète）としての位置を占める（« interprète » という言葉には、「釈義をほどこす者」という意味と「舞台における演じ手」というふたつの意味がそなわっている）。その舞台となるのは社会的な儀礼の場面であり、この儀礼によって世界のスペクタクルは生きつづけ、われわれもまた世界を理解しながら生きることになる。

絵は言葉を発するわけではないが、われわれに向けて語りかける。その意味で、絵は詩と同じ位置を占めている。詩について、パウル・ツェランは次のように述べている。「[…]

それは世界に到来する［…］、ことばの欠片として［…］。というのも、ことばはみずから世界となり、世界を担っているのだから」[*1]。これこそがまさに人類学的な企ての根底にあって、人間の組立てを統一的に研究するために重要となる点なのだ。すなわち、意識がいちばん知らずにいる暗がりの源を考察すること。こうした源は芸術によるのでなければ見定めることができない。

山口（一九〇七－一九六八年）は、日本において近代性の問いかけを担った人物のひとりである。けれども、しぶとい西洋の権威主義（それは、いまだに異国情緒風の表象の裁断のもとにある）のためであろう、ヨーロッパにおいてはさほど知られていない。日本における抽象芸術のパイオニアとなったこの人物は、人間と人間自身が抱える不透明性の関係についての鋭敏な感覚をはっきりと示しており、みずからの作品に、世界の謎との関係の

＊1　『子午線』においてツェランは次のように述べている。「詩は世界に暗いままに到来する。それは、根源的な個体化の結果として、ことばの欠片として世界に到来する。そうして、つまり、というのも、ことばはみずから世界となり、世界を担っているのだから」（フランス語訳については以下を参照した。Hadrien France-Lanord, *Paul Celan et Martin Heidegger. Le sens d'une rencontre*, Paris, Fayard, 2004, p. 155）。

劇的な強度を刻み込んだ。こうした主題は、両大戦間の眩暈のうちにあった世界のいたるところで展開されたものである。山口は多くの絵と同時に詩を残している。この詩は、終わりなく繰り返された自画像であるといってよい。かれは、自分のデッサンのひとつに次のように書き込んでいる。「俺は俺の絵がわからない」[*1]、と。このような意識がわれわれにうながしを与えてくれるのだ。

この画家はヨーロッパ絵画の変化を深く理解し、それがために、三〇年代――かれはこの時期パリに長く滞在した――の画家にとって、普遍的なものをめぐる問いかけが要請として表していたものを明らかにしてくれている。この画家を発見したとき、わたしは、フランスに帰国し、これらの講演を最後に一瞥して締め括るにあたって、かれこそが案内人となってくれるだろうことを予感した。そうしてわたしは、一九三七年の作品《花の像》を、この書物のエピローグを書くために選んだ。

京都の何必館・京都現代美術館に所蔵されているこの作品はわたしに恩恵を与えてくれた。この絵のおかげで、今日にあって、われわれの種の定礎と運命をめぐる問いかけに主体の問題を再導入するうえで決定的と思われる考察の道のりが開けたのである。より正確にいえば、そこにこそ本質的なものの本質があるのだが、この絵は、わたしにとって言語という現象における言い表されぬものの次元に改めて向き合うための思いもよらぬ機会を提供してくれた。そこで浮上してくるのは次のような問いだ。ことばのおかげで世界がアクセス可能であり、統御可能、今日であれば科学的に統御可能であるということを人間はいかにして確信するのか。言い換えれば、世界が人間に対して、あたかも人間に話しかけるかのごとく現前しているとすれば、それはいかにしてであるのか。

絵をよく眺めてみよう。そこにあるのは、いわば夢のスナップショットである。問いかけ、射抜き、誘惑するような眼差しをわたしは見る。この眼差しが、写真から引き出されたような美しい顔に生気を与えている。不可思議な形をわたしは見る。身を縮めた動物で、頭だけが人間であるかのような形。けれども、この形の全体が、女の存在に、女という男にとっての謎に訴えかけている。

そして花は？　それはどのような花なのか。女が口許にあてた花をわたしは見る。あるいはその背後に顔の下半分を隠しているのだろうか。もうひとつの花は、たぶんテーブル

＊1　彼の絵画と詩文を収めた次の図録を参照。『独りの時間』求龍堂、一九九九年、一〇九頁。

だろうが、ひとつの平面の端に見えている。そこにはさらに三つめの花が見える。花というよりは並べられた色斑というべきかもしれない（紅い花冠、黒い葉、白い花びらなのだろうか）。

そして最後に画面と並行する垂直の平面では、不釣り合いに大きな白い花びらと黒々とした葉が女の身体の周囲を回転しているように見える。身体の影は壁に映っている。まるで画面の右に見えない光源があり、そこから射す光線が画面を浸しているかのように。

そして、画面の下には画家の署名が西洋風にアルファベットで書き込まれている。

さて、この像について、第一の註釈を加えることにしよう。

画面のあちらこちらをさまよいながら、わたしの眼差しは宙吊りにされたかのようだ。まるでナルシスのように、「見ている」けれども「知らないもの」を前にしているかのようなのだ。言い換えれば、理解しがたいもの、不安なものがわたしの前にある。山口にとってひそかな夢の場面であったはずのもの、あるいはかれの内的な場面についての、それと知られた、あるいは知られざる真理への暗示がそこにある。それがどうやったら、わたしのものになるのだろうか。

それは、わたし、やはり孤独の主体たるわたしが、この絵の閉じた空間のうちに自己を見出せばこそそのことだ。その空間のうちで、画家は絵筆をあやつり、『変身物語』における〈曙〉の女神が昼と夜を分かつように、[*1] 色彩を分けながら、言葉にしうるものの空間を跡づけたのである。ここで絵具――赤、黒、白――は形を結晶させる。それは人の形であり、また物の形である。これらの形は、絡み合う顔と花とを典雅に寿ぐために呼び出されたかのようだ。われわれを至近距離から捉えるこの小さな舞台にあって、花となっているのは何か。「花の像」となっているのは何か。花、植物がその反映でしかない本当の花、それは女の顔である。照らし出され、同時に翳りをみせる顔、普遍的なメタファーにまで高められた顔。内なる〈鏡〉はこうして画布へ転置される。そこにわたしがわたしを見出していることをわたしは知っている。それは不透明であるけれども確かな知のありようだ。原初的な神話のイメージとは、各々の主体にとっての世界の起源である。このイメージは、仄暗いものとして、われわれの孤独な舞台裏に果てることなく据えられている。[*2]

この指摘の締め括りに山口の詩文を引いておくことにしよう。[*3]

*1　オウィディウス『変身物語』への参照は以下のとおり。ナルシスについては第三巻四三〇行（「彼が見ながら知らぬもの（Quid videat, nescit）」）。〈曙〉の女神については第七巻七〇六行（「彼女は［その法のもとに］昼の境と夜の境を置く（Quod teneat lucis, teneat confinia noctis）」）。

品のある絵を――画格
画格のある絵を考えてみたけれども
夢のようでわからなかった

自分独りの時間

第二の註釈。

絵を離れる。世界の物質的な秩序を転倒させていたイメージの戯れを離れる。すると、わたしは三島由紀夫の登場人物のように「寝ているあいだばらばらになっていたものを又組み立て直す義務のようなものの虜」[*1]になる。それは理論的にはどこに通じているのか。この〈鏡〉としての絵は、現実の場面、無矛盾律の支配を再び見出した者に何を教えてくれるのか。

さまざまな形が画家の手にゆだねられて変容する。物の形と人の形が混じり合う。そのとき、何が垣間見えるのか。それは、ことばをそなえた種、「物を知る身体[*2]」と向き合い、物を言語の対象へ転換する種にとって生の原資となるものである。身体に人間が住まうためには、この身体が言葉に服するのでなければならない。それとまったく同じように、物の現前に人間がアクセスするためには、この物が言葉となるのでなければならない。まさにそこに中心的な問題がある。表象の生の優越によって物質性が脱物質化されるのだ。この脱物質化という過程は、語によって、自己への関係と世界の外部性を作り出すことを要求する。

*2（一五五頁）この神話的なイメージの真理を、ジョイス『ユリシーズ』は母への愛を次のように描くことで把握している。「母への、そして母の愛（Amor matris）、たぶんそれだけがこの生にとって真実であるもの」。フランス語訳では以下を参照。*Œuvres*, t. II, Paris, Gallimard, 1995, p. 235.

*3（一五五頁）『独りの時間』、五頁。

*1　三島由紀夫『豊饒の海　第四巻　天人五衰』一六、新潮文庫、一三三頁。フランス語訳は以下を参照。*La Mer de la ferilité, IV, L'Ange en décomposition*, Paris, Gallimard, 1980, p. 128.

*2　この的確な表現を私は次の論文から借用した。Kenjiro Tamogami, « Le corps et les choses : relecture de la préface des *Rêves et la Jambe* », *The Journal of Humanities* (Meiji University), n° 8, 2002, p. 52.

その帰結として次の点を認めることができるだろう。まず、言語がアイデンティティ〔同一性〕と他性をめぐる論理と一体化しているということ。そして、言語が、自己と世界への人間の関係の無際限に変化する発現のありようを支配しているということ。〈理性〉にはそのような代償があるのだ。今日にあって、超近代的な科学と技術を支える合理的な〈理性〉は、こうした論理の軛にしたがっている。ということは、〈理性〉は、一個の狂える坩堝のうちに根をもっているということである。その坩堝とは知られざる場面のことだ。そして、この坩堝こそは、非現実的な構築（学問的にいえばファンタスム）、そして夜の憩いとともに解き放たれる夢——客観的な世界はそこで崩れる——の源である。それだから、峻厳なる言語の法が、あえていえばその舞台裏に、言い表されぬものの次元を含んでいること、また、文明が構造の深みにおいてこの次元に養われていることは確かなのである。言い表されぬものに取り組むというまさにこの点について、山口薫の絵は、世界と人間の対話という見取りを開きながら、われわれに教えを与えてくれる。

わたしは《花の像》を見る。わたしは、わたしが見ているのが一枚の絵であること、フィクションであることを知っている。色彩が舞い、形態が現実を離脱して解体され、ついで再構成され、眼差しが見る者を謎めいて貫くという、これらすべての背後に、己の技にて作る者、つまりは画家がいることをわたしは知っている。画家とは、われわれに語りかける世界を作りあげる者、創造主としての神をめぐるラテン語のメタファーを用いるなら「世界の工匠（artifex mundi）」[*1]である。こうした真理の網目に絡め取られた山口は次のような詩文によってそれを明らかにしている。[*2]

そんなわけでこのアトリエの主が私なのである。まだ死なないで生きている幽霊。

［…］オブジェが息を吹きかえして、主に話しかけて来るときもある。

つまり、この絵は、芸術の役割を探究し、この問題を掘り下げることを出発点としながら、「文化」[*3]という西洋的な概念の土台を問い直すという企てにとって、パラダイムとしての価値をもっているということになる。

＊1　「世界の工匠」というこの古い主題は、芸術家を「創造」の力をもつ神になぞらえたルネサンスの芸術理論から借用したものである。

＊2　『独りの時間』、六二頁。自身の伝えるところによれば、山口は、子供たちが彼のアトリエを「幽霊屋敷」と呼ぶのを耳にしたという（同六〇頁）。

芸術は一個の確実なことがらを知らしめる。すなわち、人間にはただひとつの土地、言語という土地があるだけだということ。そして、人間は、深淵から深淵へ、言い換えれば、内面の宇宙から世界の現前という謎へわたってゆくものだということ。芸術は、表象の生の最奥部（フロイトはそれを「別の場面」と呼んだ）、言い表されぬもの、〈理性〉の狂える坩堝に直接につながれている。だからこそ、それはこのふたつの深淵を媒介するものとなる。

かくして、画家は一個の解釈者であり、文化という場面を構成する旅人の一員である。別言すれば、かれらは、世界への関係を、一個の対面の関係として、全般化された劇場化という形で定礎する。こうした角度からすれば、まさに言語作用そのものがフィクションとしてあることになる。そして、このフィクションを通じて、言語作用は、世界を領し、人間という種にとって固有のものである「作為の領界」[*1]を作り出す。物は名指されることで人間の対話者としての地位を獲得し、この象徴的な働きかけによって、アイデンティティという人間の賭場に置かれるわけだ。

そこにこそ、人間的空間の限界（西洋においてそれは宗教と呼ばれてきた）があり、また「世界とはメッセージの宇宙である」という表象がある。世界はわれわれに語りかけ、われわれは世界に語りかける。けれども、それによって同時に、われわれは、科学によっては表象されえないものと向き合うことになる。科学の歩みは、これまでに構築されてきたやりかたに即して、自分の手の届く範囲で世界を解読する。たとえば、物理学や化学が解読できるメッセージというものがあるわけだ。だが、もし表象の生の組立てを検討しようとするならば、そのとき科学は、計測可能なものが通用しなくなる地点にあって、最終的にみずからの足場を失ってしまうであろう。そうした状況において、人間と世界の対話という問いは宙吊りにされてしまう。

言語によるこうした支配、数千年にわたる世界の客観化というプロセスの歴史を、主体

＊3（一五九頁）　人類学映画の現状は実証主義の袋小路を証し立てている。二〇〇一年から二〇〇三年というごく最近の例でいえば、フランスのイヴ・コッパンによるドキュメンタリー、アメリカの集団制作による（『心のビッグ・バン』という大仰なタイトルの）やはりドキュメンタリー作品がある。人類の起源についてのこれらの映画は、言語の到来、人間と世界の劇場化といった中心的な問いを問題化することができていない。そのために、「文化」という概念がナイーヴかつ単純な思いなしのうちに掻き消えてしまっている。

＊1　この主題は技術をめぐる微妙な問題に関係しているが、以下において今日の紋切型とは無縁の考察が加えられている。H. France-Lanord, *op. cit.*, p. 136-142 (« La machination et le règne de l'efficience »).

の問題構成を導入したがらない客観主義とは異なる方法によって考察するためには、どのような方法を取るべきなのか。西洋は、世界との関係を、やがて世俗化されることになったユダヤ教／キリスト教の遺産を通じて考察している。世界の場所や物（そこには動物も含まれる）は、魂の生をもたないものというカテゴリーによって位置づけられているのだ。現今の状況はその完遂である。つまり、人間の現実が、その不可視の〈建築〉から切り離され、事物のひとつへ変容させられて解読の対象となっている。それは、脱劇場化された事物と化し、言い換えれば、客観的な基準によって統御することが可能なものとされている。そうでありながら、われわれはなおも一神教的な全能性の図面のうちに留まっているのだ。ただし、この全能性は産業化され、神とは異なる権威存在、つまりは神格化された〈科学〉に帰せられているのであるけれども。

技術、科学、経済に統べられた今日にあって支配的な、こうした潮流の批判的な検討に手をつけてみよう。そして、西洋の文化それ自体が引きずり込まれた、いくらか機械的な連鎖を認識することから始めてみよう。この文化は、社会の進歩という目的論的なヴィジヨンを抱えている。そこにあって西洋の文化は、他の文化のうちに自身の姿を認めえない象徴的な編成を見つけると、それを排除しようと躍起になるばかりなのだ（そうした象徴的な編成とは、土地（海あるいは山、河など）や植物、鉱物、あるいは動物を擬人化し、そこに霊性を付与するといったことである）。こうした西洋の態度は何を意味しているのか。多神論や汎神論、その他もろもろの形式は、宗教史や（当初はキリスト教的で、やがて世俗化した）民族学[*1]によって分類されながら、今日でもなおその機能を保っている。だが、同時に、それは西洋的なタイプの近代性にとっては歴史的にも、さらには今日でも、理解することの不可能なものとしてある。では、現今の産業性は、己がそうしているように、それらを純然たる残骸とみなすよう地球全体に強制することになるのだろうか。

もしもそうだとすれば、われわれが眼にしている制度性とは、消滅した惑星の残光にも譬えられるものだということになってしまう。そこから次のような疑念が生じてくる。われわれが知っているような言語なるものも最終的にはやがて追放されてしまうのか。大衆の脱主体化と結びついた今日の規則的な科学化の煽りによって言葉もやがて中味を失い、

＊1　近代ヨーロッパによるアジアの宗教事象へのアプローチという問題に分け入るには、これまでにも再三述べてきたように、ドイツのイエズス会士アタナシウス・キルヒャー（一六〇一―一六八〇年）の企ての理解に努力を傾けるべきである。かれの巨大な著作群は、諸文化を測定するという西洋の科学的な比較の方法に向けた道筋を開いた。

純然たる情報ばかりを内実とするものへ切り詰められてしまうのか。

けれども、言語が構築している宇宙は、構造が永遠のものであることを証言しながら、詩的なことばを終わりなく反響させている。その反響がいずれは聴き取られなくなるだろうなどと考えることは今日の幻想だ。であればこそ、山口の最晩年の詩文を読者にお届けしたいとわたしは思う。それは——「動かぬ物たちの魂」[†1]にメランコリックに呼びかけるラマルティーヌがそうであるような——ヨーロッパのロマン主義の反復として理解されるのではなく、日本に固有の伝統のうちに位置づけられなければならない。[*1]

かわいい石
丸い石
お前になんという名をつけよう
紅、べに桂

二〇〇四年二月

†1　ラマルティーヌ『詩的瞑想録』三・二（「動かぬ物たちよ、おまえたちに魂はあるのか／われらの魂に寄り添い、愛せよと強いる魂はあるのか」）。

*1　『独りの時間』、九七頁。

訳者付記

本書は二〇〇三年の秋に来日したピエール・ルジャンドルが、東京と大阪で行なった計三回の講演の全訳である。それぞれの開催日時・場所は以下のとおり。

第一講演　一〇月二六日　東京外国語大学
第二講演　一〇月二七日　東京日仏会館
第三講演　一〇月三〇日　国立民族学博物館

公刊にあたって導入と結論部、さらに三つの註記が追加されている。翻訳にさいしては最小限度の訳註を加え、†印で示した（書誌情報の多くはルジャンドル自身の『講義』シリーズでの言及箇所を参照して付した）。また、本書と同内容のフランス語版として以下の書物が今年五月に公刊された。

Pierre Legendre, *Ce que l'Occident ne voit pas de l'Occident. Conférences au Japon*, Paris, Mille et Une Nuits, « Les Quarante Piliers », 2004.

二〇〇四年六月

森元庸介

旅の荷物〔解題〕

西谷修

ピエール・ルジャンドルは二〇〇三年一〇月末、東京外国語大学（二一世紀COEプログラム「史資料ハブ地域文化研究拠点」）の招きで二週間にわたって日本を訪れた。一九六〇年代に当時の新興アフリカ諸国で仕事をして以来、ヨーロッパの外に出ることの少なかったルジャンドルにとって、これはほとんど初めてといってよい遠隔地への旅だった。

「旅」という言葉も、近年ではすっかり死語に近くなってしまっている。わずか半世紀前には船で一月かかったところに、今では飛行機でその日のうちに着いてしまう。そのうえ世界中どこに行っても同じような光景があり、同じような生活様式があり、違うのは「発展」とか「豊かさ」の用語で語られるその程度だけである。そこを頻繁に行き来する人びとは、「ビジネス」であれ学術会議であれ、どこでも「共通」の話題を語り合う。もはや「ここ」も「あそこ」も違いはなく、自由に行き来できる空間があり、その一隅にかつての土地の面影が土産物屋に姿を変えて並んでいるだけだ。グローバル化に溶け合う視線の前には、未知の驚きをもたらす場所、畏敬を誘う場所などもはやどこにもなく、いまや自由な往来を妨げるのは、まさにその移動の安全を確保するためとして張りめぐらされた「テロ対策」ぐらいのものである。

遠隔地の訪問ももはや「旅」の経験をもたらさない、そんな標準化に向かう世界にあっても、ルジャンドルはきわめて古典的なタイプの「旅人」である。彼は海の向こうが自分のいる場所とは違う世界だということを知っている。どんなに移動が容易でも、同じ（ウルトラ・モダンな）生活システムが広がっていても、そこには違った空気があり、人びとが違ったふうに暮らしているということを知っている。そして何より、違う文化やそこに住む人びとを畏敬することを知っている。だから彼は「旅」の準備をした。書物を渉猟し、映画を回想し、人びととの会話から見聞を重ねてもきた。だがそれは旅先についての知識をえ、あらかじめそれを自分の知っていることにそり合わせるためではない。自分が前にする聴衆がどんな人びとか、どんな違った文化的背景をもっているのかを推し量るためだ。

そうして彼は一夏をかけ、熟慮の果実のようにして旅の荷物をまとめあげた。

実を言えば、今回の訪日にあたって、招聘者の側はルジャンドルに三つの講演を依頼した。その講演は異なる場所で、異なる聴衆の前で行われる（ひとつは東京外大でのシンポジウム「世界化を再考する」の基調報告、もうひとつは東京日仏会館での講演、そしてもうひとつは国立民族学博物館地域研究センターでのセミナーの基調報告である）。けれどもそれを一連の講演として行ってほしい。というのも、ルジャンドルの仕事は日本ではほとんど知られておらず、今度の訪日がその仕事を広く知らせる好機となるはずのものだからだ。だから、日本の聴衆が彼の仕事を知らないことを前提に、三回の講演を通してドグマ人類学のエッセンスとそのアクチュアルな意味が伝わるようなかたちで話をしてほしい。それが招聘者側の注文だった。すでに一〇巻にわたる「ドグマ人類学」の『講義』シリーズをはじめとする多数の著作に結実している彼の半世紀にわたる仕事をまとめ直すというのは、むしろ紹介者の務めではあっても、今も仕事を続ける本人の役目ではないだろう。けれども、ルジャンドルはこの依頼をまともに受けとめてくれた。そして、彼自身としても初めてのことだと思われるが、これまで掘り下げ、押し広げ、積み上げてきた仕事を振り返り、頭のなかにあるドグマ人類学の大伽藍からそのエッセンスをあらためて紡ぎだして、それをここにある三つの講演のかたちにまとめあげてくれた。

かつて国際機関のミッションでアフリカ諸国に赴いたとき、彼はスーツケースに自分の専門であるローマ＝カノン法の学識だけを詰めていったという。そして今度、もうひとつの「ヨーロッパの外」を訪れるに際して、彼はカバンにドグマ人類学のエッセンスを詰め込んできたのである。ただしそれは、西洋の特産品をどこでも使える万能の薬として行商するためではない。万能を主張する西洋的知や組織原理の成り立ちを分解してみせ、つまり西洋的システムの手の内を開いてみせ、ありうべき別のヴァージョンを他者とともに考えるためである。

とはいえ、ここにあるのはルジャンドルの切り拓いた「ドグマ人類学」のたんなる概説ではない。むしろ、四半世紀にわたるその研究の上に立って、現在の「世界化」状況のなかでいま一度、「普遍的」として通用している西洋的知や組織原理の成立ちを問い質し、すべてを知り支配するのを当然のこととするそのドクサの開く視野が、実はどのような盲目に裏打ちされているのかを洗い出して、西洋的知や制度の歴史的・構造的特殊性と、それゆえに果たされた「世界の改造」の大筋を描き出すとともに、そこに孕まれる「盲目」

の全面化が「人間という種」にもたらす危機を強く示唆し、ことばを付与された生き物たる人間にとって文化とは何なのか、そしてアイデンティティの成立ち、つまり個々の人間の他者との関係の（における）定位とは何かという、生きる人間にとっての変わらぬ問いを確認することで、西洋的科学主義が見失わせる人間の「理性」、人間の生を可能にするものとしての「理性」のありかを示そうとしている。そしてそれがほかならぬドグマ人類学の中心的課題でもあるということだ。

ドグマ人類学が理解されにくいのは、まずはそれが従来の学問の棲み分けのうちに場をもたないからであり、そのように知を分化しそれとともに対象を分断することで威力を発揮してきた西洋的な認識のあり方そのものを、その由来と原理を明らかにすることで相対化しようとしているからである。そしてこの学問は、近代以降の知がそれを否認することでみずからの「合理性」を築いてきた「ドグマ的現象」を掘り起こし、そこに目を向けようとする。だからこの学問は、現代の科学主義的知にとってもっとも近づきがたいものになる。

もちろんドグマ人類学は全体的な知ではない。それが「人類学」を名乗るのは、この研究が「話す動物」と規定された人類の「再生産の論理」を扱うからであり、この場合対象が「人間」ではなく「人類」であるのは、この「再生産の論理」が何らかの本質としての「人間（humanity）」を想定しているのではなく、さまざまなヴァリエーションをもつ「種」としての「人間（anthropos）」を想定しているからである。そしてそこで「ドグマ的なもの」が決定的要素として取り上げられるのは、人間の「再生産」が単に生物学的次元における「繁殖」だけでは十分でなく、それが「話す主体」の再生産でなければならず、そのためにはそれぞれの新生児がことばの秩序に参入し、同時にイメージを通して表象の生に参与しなければならないのだが、そのことばやイメージの表象作用の核心にあるのが「ドグマ的なもの」であり、種の再生産を担う仕組みやそのヴァリエーションはそこにかかっているとみなされるからである。

ドグマ人類学はしたがって、従来の学問の分類におさまらないだけではない。それは従来自然科学（生物学）の課題とのみみなされてきた人類の「繁殖＝再生産」というテーマを、人文学的な課題として扱う。というのも、生物学的再生産に「象徴的再生産」が重なることではじめて人間の再生産は可能になるからだ。西洋的知の伝統のなかで、人文的知と自然科学そして社会科学は分化してきたが、そのように知が領域化され、その分化の中で見落とされることになる人間的生存の成立ちそのものに、こうして違う照明があてられることになる。そして人間は、世代継承を通して再生産される、言語的次元と社会的次元および主観的次元のモンタージュとしてとらえられる。そのことで掬いとられるのは、具体的に「生きる人間」の諸条件であり、いわば実存の構成の次元である。

近代の人間は世界を「開発」の対象としてきた。そしてみずからをとりまく世界を「開発」し尽くしたいま、今度は人間そのものを「開発」の領域に取り込んでいる。まず、科学が人間を「解明」し、解明することでそれを「処理可能」な要素に分解し、さらにはそれに二重の「所有権」の管轄に付して管理する。一方で部分化された要素自体が、民法的に処理可能な「動産」と化し、「財」の流通回路に引き入れられ、他方では「解明」そのものが「知的所有権」の名の下に「所有」され、知自体が管理されるとともに売買の対象として市場に出される。そのような知的・制度的体制は、一人ひとりの人間が生きる主体的な生とはまったく違ったレヴェルにあるものだが、精密機械の計測する身体的特徴（たとえば指紋や瞳孔の形状から遺伝子まで）が、主観的意識にはなんら左右されない「アイデンティティ」の証拠とみなされ、それがそれぞれの人間を法的に規定しているように、今では人間は、各人の生きる経験とは別のところで決定され、管理され、そして処分されるような状況におかれている。そしてそのような状況を生み出し、広め、推進しているのが、「マネージメント」に行き着いた西洋的組織原理であり、それと連動する知の科学主義的傾向だとルジャンドルは考えている。

問われているのは「人間とは何か」ということである。ただし、これは本質についての問いではない。この問いに含まれるのは、まずは人間がみずからをどのようなものとして表象するかということであり、言いかえれば、どのような「鏡」をもつかということである。まさにこの問いは人間の自分自身への問いであり、人間にとっての「アイデンティティ」の問いなのである。そしてここでは、人間のアイデンティティが問われるだけでなく、人間にとって「アイデンティティ」とは何かが同時に問われている。それを「理性」の問いと言い換えることもできるだろう。なぜなら、人間が、自分が何か、どのようにして可能なのかを完全に見失うとき、もはや人間は「狂気」の領域に陥るからである。

いま人類は、世界に広まった西洋的知のシステムと制度性の採用によって、この「狂気」の領域に足を踏み入れつつある。ドグマ人類学とは、このような事態への根本的批判を使命とする、「理性の探求」の試みなのである。

その試みが理解されがたいのは、現在一般的に通用している知が基本的にこの「狂気」への傾斜の内にあるからである。そしてその全般的傾向は、西洋的知の制度の世界化の帰結として起こっている。ルジャンドルは日本への旅の荷物としてこの一連の講演原稿を練り上げた。それは、現在の知の普遍性を外来のものとして受容し同化した文化的複合の経験をもつ場所で、西洋的知の隠された輪郭を提示し、それを際立たせるためである。ルジャンドルの旅の荷物は、日本にもたらすべきもうひとつの普遍的知のパッケージではない。すでに日本も含めて世界に浸透している西洋的制度性のからくりを映し出す水晶球を、かれは未来への対話の媒介としてもってきたのである。現在の世界を覗き込み、ともに世界と人間の未来を考えるために。

ルジャンドルは日本への旅を終えた後、この講演集のためにさらに二つのテクストを書いた。ひとつは講演集をフランスで出版するにあたって、一連の講演を位置づける意図で書かれたものであり、もうひとつは日本滞在中に京都で出会い、深い印象を受けたモダニズムの画家山口薫（一九〇七―六八）の作品をめぐって、この講演集にいわば旅の刻印を刻むべく書かれた。

その二つのテクストを加えて、フランスではすでに今年の五月に日本講演集が『西洋が西洋について見ないでいること』（第一講演と同題）というタイトルで出版されている（Pierre Legendre, *Ce que l'Occident ne voit pas de l'Occident, Conférences au Japon*, Mille et Une Nuits, « Les Quarante Piliers », 2004）。本書はこのフランス語版とほぼ同じ構成だが、これとは独立に日本で出版されるものである。

また、本書とは別に、今回のルジャンドル来日の招聘元である東京外国語大学大学院二一世紀COEプログラム「史資料ハブ地域文化研究拠点」から、この拠点の主催で行ったシンポジウムとワークショップの記録が、関連する参考論文を併録して『〈世界化〉を再考する――P・ルジャンドルを迎えて』（西谷修編、二〇〇四年六月、入手方法はhttp://www.tufs.ac.jp/ts/personal/nishitani/を参照）として刊行されている。併せて参照されたい。

著者

ピエール・ルジャンドル（Pierre Legendre）

1930年，ノルマンディー生まれ．法制史家・精神分析家．1957年パリ大学法学部で博士号を取得．民間企業，ついで国連の派遣職員としてアフリカ諸国で活動したのち，リール大学，パリ第10大学を経て，パリ第一大学教授と高等研究実習院研究主任を96年まで兼任．分析家としてはラカン派に属し，同派の解散以降はフリーランスとなる．中世法ならびにフランス近代行政史についての多数の研究を発表したのち，とくに70年代以降，主体形成と規範性の関係を問いながら，西洋的制度世界の特異性と産業社会におけるその帰結を考察する作業をつづけている．既訳書に『ロルティ伍長の犯罪』（西谷修訳、人文書院、1998年），『ドグマ人類学総説』（西谷修監訳，平凡社，2003年），『西洋が西洋について見ないでいること』(森元庸介訳，以文社，2004年)，『真理の帝国』（西谷修・橋本一径訳，人文書院，2006年），『ルジャンドルとの対話』（森元庸介訳，みすず書房，2010年）．

訳者

森元庸介（もりもと　ようすけ）

1976年，大阪府生まれ．東京大学大学院総合文化研究科地域文化研究専攻博士課程単位取得退学．パリ西大学博士（人文学）．東京大学大学院教務補佐員．著書に *La Légalité de l'art. La question du théâtre au miroir de la casuistique* (Fayard, áparaître)．訳書にジョルジュ・ディディ＝ユベルマン『ヴィーナスを開く』（宮下志朗と共訳，白水社，2002年），『ニンファ・モデルナ』（平凡社、近刊），ジャン＝クロード・レーベンシュテイン『猫の音楽』（勁草書房、近刊）．

解題

西谷修（にしたに　おさむ）

1950年、愛知県北設楽郡生。明治学院大学文学部教授を経て、東京外国語大学大学院地域文化研究科教授（思想文化論）。20世紀フランス思想の研究をベースに、西洋的知の臨界領域を探りながら、死、戦争、世界史、生命、宗教などの諸問題を独自の視点から論じる。近年、ルジャンドルのドグマ人類学を精力的に紹介。
著書に『〈テロル〉との戦争』（以文社）、『増補・不死のワンダーランド』（青土社）、『世界史の臨界』（岩波書店）、『戦争論』（講談社学術文庫）、『理性の探求』（岩波書店）など、訳書にブランショ『明かしえぬ共同体』（ちくま文庫）、ナンシー『無為の共同体』、『侵入者』（以文社）などがある。

西洋が西洋について見ないでいること
——法・言語・イメージ〔日本講演集〕

2004年9月30日　第1刷発行
2012年2月15日　第2刷発行

著　者　ピエール・ルジャンドル

訳　者　森 元 庸 介

発行者　勝 股 光 政

発行所　以　文　社
〒101-0051　東京都千代田区神田神保町 2-7
TEL 03-6272-6536　FAX 03-6272-6538
制作：インスクリプト　印刷・製本：中央精版印刷

ISBN4-7531-0237-8